비움의 의자

54

비움의 의자

공태점 수필집

돌`선`판
경남

프롤로그

두 번째 수필집을 내놓는다. 첫 수필집을 묶어낸 지 팔 년 만이다. 짧지 않은 세월이 흘렀다. 그 시간 속에서 가까스로 움켜 올린 몇 낱의 쉼표들, 내 삶의 언저리를 떠나지 못하고 맴돌던 흔적들이다.

처음 멋모르고 수필을 썼던 시절을 생각하면 부끄러우면서도 그립다. 나의 민낯을 드러내는 일이기에 지금도 마찬가지다. 수필을 읽는다는 것은 누군가의 인생을 읽는 것이다. 한 사람이 지닌 아픔과 욕망, 모든 사유를 들여다보는 것이기 때문이다.

아무리 좋은 글이라도 심상에 없는 글을 쓸 수는 없다. 수필을 쓰는 것은 존재가치를 드러내는 일이며 아픈 상처에 약을 발라주는 유일한 방편이기도 하다. 세상을 돌아보는 일보다 나를 버티는 일이 더 절실했다. 되짚어보면 아프게 했던 것들이 나를 성장시켰다.

투병 중이던 남편의 이야기가 많아 세상에 내놓기 주춤거렸다. 능력 밖의 한계는 어쩔 수 없는 일이다. 화려하지도 눈에 잘 드러나지도 않는 풀꽃 같지만 누군가와 함께 공감할 수 있었으면 하는 바람이다.

책이 나오기까지 수고하신 도서출판 경남과 늘 곁에서 묵묵히 응원해 준 가족과 문우들이 있어 행복하다.

책 출간을 앞두고 하늘나라로 떠난 남편을 생각하며
2020년 여름 **공태점**

차 례

프롤로그 4

part 1
비움의
의자

강낭콩 한 줌 12 | 풍경 속으로 14 | 꽃씨의 꿈 19

공갈빵 22 | 비움의 의자 27 | 차茶를 우리다 31

꿈속의 섬 36 | 꼬마 무쇠 솥 40 | 백제의 미소 45

도토리묵 49 | 군불 54 | 눈깔사탕 58

part 2

봄날
천변

봄날 천변川邊 64 | 오카리나 연주 68 | 검정고무신 73

앵병 77 | 동백섬 지심도 80 | 산나물 85

대청마루 89 | 끈 92 | 유혹 97

가을 길목에서 101 | 아버지의 어깨 106 | 그랭이질 110

part 3

두 바퀴
사랑

두 바퀴 사랑 116 | 아버지의 흰 무명두루마기 120
허물벗기 124 | 남편의 엄마 되기 129 | 서시오 가시오 133
평범 속에 기적 138 | 막대기와 지팡이 142 | 경계 사이 147
마지막 집(遺宅) 151 | 누워서 먹는 밥 156
나를 마주하다 159

part 4

쓴맛을 품다

어부바가 하고 싶다 164 | 쓴맛을 품다 167 | 달팽이 172
오색 팔중五色 八重 동백 176 | 고택의 하룻밤 181 | 어미 185
이름에 대하여 190 | 유배, 문학을 꽃피우다 194
그림 한 점 199 | 프리다, 자화상에 빠지다 203
품위 있는 마무리 207 | 강江 따라 길 따라 211

part 1

비움의 의자

강낭콩 한 줌

강낭콩 한 줌이 비닐봉지에서 싹을 틔웠다. 연둣빛 껍질을 태반처럼 찢고 내민 하얀 발가락이 왠지 거부할 수 없는 생의 몸짓 같아 애틋하다. 물을 적신 화장지 위에 올려 사기그릇에 담아놓았다. 밤새 실낱같이 하얀 꼬리를 내렸다.
볕 바른 창가 화분에 옮겨 심었다. 가녀린 촉수를 내밀어 허공에 손을 뻗어 창을 타고 기어오르기 시작했다. 미끈거리는 유리창에 줄을 붙이고 곡예하듯 바동대는 게 애처로워 무명실 몇 가닥 창틀에 늘여주었다. 생을 붙잡으려 허둥대던 손으로 실 끝을 가까스로 감아쥐고 초록 잎이 하나둘 피어났다.

가느다란 강낭콩 줄기가 사력을 다해 창을 덮어가던 어느 날이다. 물을 주다가 초록 이파리 사이에 연노랑 콩 꽃이 배시시 얼굴을 내미는 것을 보았다. 눈여겨보지 않았다면 꽃잎조차 모르고 지나쳤을 것 같은 너무나 작고 가냘픈 꽃이다. 창문을 열 때마다 밀려드는 바람에 흔들리며 꽃을 피워낸 강낭콩의 생명력에 코끝이 찡하다.

그 후, 하나둘 먼저 핀 꽃이 이운 자리에 보기도 아릿한 버선코 같이 생긴 작은 콩꼬투리가 촘촘히 맺기 시작했다. 날이 갈수록 꼬투리는 제법 도톰히 배가 불러오는데 줄기와 잎은 생기를 잃고 야위어갔다. 며칠이 지나고 마른 줄기에 달린 꼬투리를 따서 열어보았다.

가까스로 콩 형태만 띤 쪼글쪼글하고 영글지 못한 물알이 가지런히 누워 있다. 기름진 땅 힘으로 토실하게 알이 여문 텃밭의 콩에 견줄 수가 있을까. 코에 대보니 강낭콩 특유의 비릿한 풋내가 희미하게 풍긴다. 생명 하나 지켜낸다는 것이 이토록 치열한 자신과의 싸움이었던 것이다.

아침이면 연약한 강낭콩의 생을 지켜본다. 열악한 환경에 적응하며 열매까지 매달아 놓은 생명의 경이에 늘 숙연하다. 이 세상에 존재하는 것만으로도 놀랍고 신비한 것이라 여겨진다. 살아간다는 것은 더없이 소중하고 고귀한 축복이 아닌가.

풍경 속으로

 언제라도 달려가 안기고 싶은 고향이 있다는 건 행운이다. 잊고 살다가도 부르면 금방이라도 달려올 것만 같은 낯익은 풍경을 떠올리면 아련한 향수에 젖는다.
 한우산 철쭉을 보러 길을 나선다. 헛헛한 가슴을 채워 보고자 달려온 고향은 늘 낯설음으로 다가온다. 예전의 낮은 집들과 정겨운 담장은 사라진 지 이미 오래다. 무명베를 펼친 듯 좁다란 오솔길은 넓고 반듯한 포장도로가 되었다. 알록달록한 양옥집과 예쁜 정원으로 단장한 마을이 나를 맞이한다. 어쩌다 낯익은 사람이라도 만나면 반가움은 잠시 서로 어색하기만 하다.

의병장 곽재우 장군의 유물박물관이 있는 의령읍을 지나 가례면 갑을마을로 접어든다. 2차선 도로를 따라 조붓한 골짜기를 돌아가다 보면 아늑한 농촌 풍경이 품을 열어 덥석 반긴다. 길 양편에 벚꽃, 영산홍, 애기똥풀꽃 등 철 따라 피고 지는 야생화가 반갑게 눈인사를 한다.

가는 길목, 녹음 속에 숨겨진 일진수목원에 들러 각종 희귀한 나무와 야생화를 만나는 것은 덤으로 얻는 즐거움이다. 수목원 가슴팍 깊숙이 안긴 부채박물관에서 느린 걸음으로 선조들의 유물을 둘러본다. 잠시 지나간 시간을 거슬러 마음의 여유를 즐기는 재미가 쏠쏠하다.

의령의 주산인 자굴산은 해발 897미터의 홑산이다. 주름 접힌 골짜기마다 금지샘, 조푸새미, 기우단, 꺼떡바구 등 계곡과 기암괴석이 많아 경관이 수려하다. 동쪽 산등성이를 타고 내려가넌 사례면이며 서쪽 줄기를 따라가면 대의면 모의골로 이어진다. 북쪽으로 쇠목재와 궁류면과 여름에 찬비가 내린다는 찰비골로 이어진다.

봄이면 진달래와 산철쭉이 군락을 이루고 여름엔 돌복숭아와 뽕똥(보리수), 깨금(개암) 열매가 익어간다. 예전에는 굴밤과 산머루, 다래, 고사리, 취나물, 산도라지, 싸리버섯 등 산채류가 지천이었다. 한 많은 보릿고개 시절에는 주린 배를 채워주던 구황의 산

©조현출(사진작가)

무심히 일상을 보내다가도
깊이를 알 수 없는 수렁에 빠져
허우적거릴 때가 있다.
그러다 쉬이 헤어나지 못할 적엔
내 마음의 풍경 속으로
쉼표를 찾아 나선다.

비움의 의자

이었다. 고을이 환란을 당했을 때는 기구하고 의지하던 민초들의 지킴이요, 어머니 품 같은 영산이기도 하다.

갑을마을 초입의 사회진흥원을 지나 꼬불꼬불 가파른 길을 한참 오르면 승용차 엔진에서 단내가 난다. 곧바로 자굴산과 한우산을 가르는 휴게소에 이른다. 자굴산을 뒤로하고 한우산 정상을 향해 몇 굽이 돌아 오르면 주차장에 닿는다. 드넓은 주변 풍광이 한눈에 들고 숨 한번 크게 내쉬면 일상에서 막혔던 가슴이 탁 트인다.

잠시 숨을 고른 후, 나무계단을 따라 정상에 오른다. 합천 황매산과 가야산이 성큼 눈앞에 다가선다. 자굴산이 아버지처럼 늠름하고 듬직한 기상이라면 한우산은 어머니 품처럼 다정하고 편안하게 감싸주는 산이다. 삶에 무게가 실릴 때면 포근한 가슴으로 살며시 다가와 마음속 풍경이 된다.

자굴산과 이마를 맞댄 한우산은 봄이면 비단결같이 고운 신록과 철쭉제로 사람들을 불러들인다. 어른 키를 넘기는 철쭉이 능선마다 흐드러지게 피었다. 진홍빛 물결 속에 드문드문 순백의 흰 철쭉이 보석처럼 섞여 있어 더욱 눈이 부시다. 감미로운 바람결마저 손에 잡힐 듯, 시선 닿는 곳마다 한 폭의 수채화다. 형형색색의 등산복으로 차려입은 사람들은 저마다 꽃의 일부가 된다. 연둣빛 물감을 풀어놓은 능선 허리춤에 안겨 붉은 꽃그림 속으로 흘러든다. 꽃은 해마다 어김없이 피고 지건만 그들은 올 때마다 또 다른 모습과 감흥을 간직하고 있지 않을까.

바람이 시샘이라도 하듯 '우-우' 함성을 울린다. 깊이를 가늠할 수 없는 푸른 하늘 아래 행복해 죽겠다는 듯 탄성을 지르는 사람들 웃음소리가 낭자하다. 꽃무리 속으로 조심스럽게 들어가 가만히 나를 부려놓는다. 온통 붉은 스크럼을 짜고 있는 꽃들은 호락호락 곁을 내주지 않는다. 풀숲으로 기어든 뱀 꼬리처럼 갑자기 출구가 사라져 오싹하다. 맞닥뜨리는 삶의 굽이마다 달려가 안기고 싶은 곳이건만 그저 멀리서 바라볼 수밖에 없는 이방인인가.

무심히 일상을 보내다가도 깊이를 알 수 없는 수렁에 빠져 허우적거릴 때가 있다. 그러다 쉬이 헤어나지 못할 적엔 내 마음의 풍경 속으로 쉼표를 찾아 나선다.

꽃씨의 꿈

　외출을 하려고 옷을 갈아입다가 무심코 주머니에 손을 넣어본다. 무언가 데굴거린다. 단단한 알맹이 같은 것이 한 움큼 쉬어진다. 모서리가 닳은 조각달 모양의 까만 씨앗들이다. 지난가을 화단 앞을 지나다 손으로 훑어 넣은 분꽃과 나팔꽃 씨앗이다.
　해 질 녘, 진분홍 입술처럼 화사하게 피어나 은은한 향기로 유혹하던 분꽃을 그냥 지나치지 못했다. 초록 잎사귀 사이로 얼굴을 살짝 드러낸 가녀리고 어여쁜 새색시 같은 꽃. 별처럼 생긴 초록 꽃받침 위에 점점이 박힌 까만 꽃씨가 보석처럼 고왔다. 국화 꽃대를 필사적으로 휘감고 버티던 나팔꽃 마른 줄기에 매달린 알사탕 봉지처럼 싸맨 꽃씨를 따서 넣었다. 미운 꽃도 없지만 미운 열매도 없구나 하는 마음으로 땄던 기억이다.

손바닥 위에 오종종 씨앗들을 앉혀본다. 장난감 꼬마병기 같기도 하고 작은 수제 폭탄같이 생긴 것들이다. 그것들을 가만히 손끝으로 굴려 건드려본다. 씨앗들 움직임 없이 조용하다. 볼을 간질이던 봄볕, 살랑이던 바람 냄새, 남보랏빛 환한 나팔 소리도 들리지 않는다. 아무런 기척 없이 단단히 여며 두었을까. 어떤 바람도 꿈도 드러내지 않는다.

꽃들은 사철 내내 비바람에 흔들리며 한자리에 붙박여 피고 지면서 스스로 터득했을지도 모른다. 분신 같은 유전자를 멀리 보내기 위해서는 존재를 최대한 응축시켜야 한다는 것을 알았을까. 꿈결에 만났다 얼결에 헤어진 벌 나비를 다시 만나고 싶어서일까. 단속반에 걸린 노점상처럼 꽃들은 찬바람에 쫓겨 서둘러 보퉁이를 쌌을 것이다. 짧은 한생으로 원하는 것을 다 움켜쥘 수 없다는 것도 알고 있었던 것일까. 간밤에 내린 무서리로 무거운 짐을 지고 떠날 수 없어 보퉁이 하나 야무지게 싸서 이삿짐을 꾸렸었나 보다.

지난여름, 햇볕의 따스함과 나비와의 달콤했던 꿈도 깊숙이 여며두고 누군가를 기다리다 얼뜨기 내 눈에 띄었던 것은 아닐까. 다음 세상 건너갈 유전자 지도 한 장 야물게 말아 넣고 기다리고 있었는지 모른다. 깜깜한 장롱 속에서 눈 감고 귀 막고 속으로 두근

두근 떨고 있었을 꽃씨들이 아닌가. 그것들을 주머니에 넣고 다시 길을 걷는다.

  씨앗들의 까칠한 감촉이 손끝에서 살아 꿈틀거린다. 씨앗은 검고 딱딱한 우주 속에 생명의 불씨 하나 고이 간직하고 봄을 기다린다. 지구 어느 모퉁이에 이 작은 생명들을 부려놓아 꽃씨의 꿈을 다시 잇게 할까. 내 머릿속은 온통 분홍빛 고민으로 가득하다.

공갈빵

　동네 빵가게 앞을 지날 때마다 눈길을 끄는 것이 있다. 공갈빵이다. 언제 한 번 사먹어 봐야지 하고 벼르던 중이었다.
　어느 날 손녀와 같이 가다 "너 빵 먹고 싶지 않니?" 하고 물으니 하나 사 달라고 한다. 공갈빵이 먹고 싶다고 했더니 "할머닌 꼭 그런 걸 먹고 싶으세요?" 하는 말투가 '뭐 그런 빵을…' 하는 눈치다.
　공갈빵은 진열대 위에 놓인 보통 빵보다는 제법 많이 부풀어 올라서 럭비공처럼 생긴 크고 둥그런 빵이다. 노릇노릇하게 갓 구워진 빵들이 맛있을 것 같아 각종 빵 앞에 붙여진 이름표를 들여다본다.

이름 한 번 되게 웃긴다. 정말로 공갈빵이다. 슬며시 웃음을 짓게 하는 이름과 큰 덩치에 비하면 값은 그리 비싸지 않다. 무게 역시 몹시 가볍다. 손가락으로 살짝 눌러보니 힘없이 푹 꺼진다. 두께는 일 밀리미터 정도이고 안에 공기가 잔뜩 들어 있는 풍선처럼 부풀린 빵이다.

빵은 속 밑바닥에 약간의 달콤한 시럽만 묻어 있을 뿐 안이 텅텅 비어 있다. 속았다는 기분에 헛웃음이 저절로 나온다. 공갈빵이 마치 '내가 공갈이란 걸 몰랐지?' 하면서 나를 약 올리는 것 같다. 세상을 살다보면 뻔히 알면서도 속아 넘어가는 일이 다반사 아니던가. '다시는 속지 않을 거야…' 속으로 중얼거리게 한다.

공갈빵은 원래 중국 호떡이다. 겉모양은 커다랗게 보이지만 온몸이 텅 비어 바람만 잔뜩 부풀려진 빵이다. 하지만 나는 공갈빵에 속은 걸 실망하지 않는다. 오히려 실없는 웃음만 비실비실 흘러나온다. 아이러니하게도 참으로 사소한 것에 속으면서 맛볼 수 있어 유쾌해진다.

공갈빵을 만들기 위해 치대고 굴리며 동글동글 조그만 알 반죽일 때는 아무도 모른다. 뜨겁게 달궈진 오븐 속에서 제 살이 익고 구워지면서 빵빵한 공갈빵이 되어 나올 줄은 미처 몰랐을 것이다. 높은 열기를 온몸으로 견디다 못해 딱딱한 겉껍질로 포장하여 공갈빵이 탄생한다. 그래도 속만은 뼈 하나 없이 달콤하면서 고소하

가끔 공갈빵이 되고 싶을 때가 있다.
그럴듯한 포장으로
속내를 모조리 비워내고
풍선처럼 허공을 날아다니다
'펑'
터져버리면 얼마나 시원할까.

고 부드러운 빵이란 걸 나는 안다.

 공갈빵은 좁은 공간에 갇혀 훨훨 날아다니고 싶어 얼마나 갑갑하고 안달이 났을까. 한입 깨무는 순간 '파사삭' 산산이 깨어져 껍질을 벗어난 공갈들은 자유로워진다. 조각조각 날개를 달고 달달하면서 고소한 공갈들이 온 동네를 잘도 떠돈다. 딱딱한 가면을 벗은 공갈은 나쁜 마음을 가지고 누구를 속이거나 크나큰 해를 끼치지 않는다. 오히려 사람들의 마음을 다독거려 가벼운 웃음을 주는 때가 많다. 악의 없는 공갈들을 야릇한 미소로 눈감아준다. 가끔 공갈빵이 되고 싶을 때가 있다. 그럴듯한 포장으로 속내를 모조리 비워내고 풍선처럼 허공을 날아다니다 '펑' 터져버리면 얼마나 시원할까. 하지만 내게 그런 재주는 눈을 씻고 봐도 없는 것 같다.

 아흔이 넘은 어머니는 언제나 '얼른 죽어야지, 사는 게 왜 이리 지겨워'라고 푸념을 쉬는가. 몸에 좋다나는 보약은 꼭 챙겨 드시며 하는 말이다. 공부보다는 건강이 제일이라고 말하는 나는 오늘도 손녀에게 그만 놀고 공부하라고 잔소리를 늘어놓는다. 당신을 만난 것이 생애 가장 행운이라는 남편의 능청스런 농담도 싫지 않은 공갈이다.

 재래시장 상인들이 소리치는 공갈도 재미있다. 해 저녁 무렵 "누님, 제주도에서 갓 잡아온 갈치가 왔어요. 눈을 떴다 감았다 하는 갈치가 왔어요." "이거 순전히 밑지고 팔아요."라고 외치는 생선장

수에게는 삶의 현장에서 느끼는 비릿함이 솔솔 풍긴다. 정작 본인은 태연한데 지나는 사람들은 공감인 줄 알면서도 입가에 미소를 지으며 기웃거린다.

꿀 수박, 꿀 참외, 꿀 포도, 꿀 배, 꿀 사과 등 과일 가게에는 웬 꿀이 든 과일이 그리 많은지 알 수 없다. 시장 옷가게 아가씨는 뭘 입어 보든지 "어머, 언니에게 정말 잘 어울리네요."라고 비행기를 태운다. 내가 보기엔 별로인 것 같은데 언니라 부르는 것이 밉지 않게 들린다.

가끔 소소한 공감들에는 속아 넘어가도 억울하지 않다. 그들의 속이 훤하게 내비쳐서 애당초 많은 것을 기대하지 않기 때문이다. 세상이란 때론 달콤하고 고소하게 노릇노릇 공감빵이 익는다. 입 안에 부드럽게 착착 달라붙거나 당당히 부풀어 오르기도 한다. '파삭' 하고 한입에 부서져버릴 가벼운 맛이 곳곳에서 활보한다. 허공을 날아다니는 무수한 공감들의 비행을 보고 있으면 소소한 행복을 느낀다.

비움의 의자

　나무의자 하나를 들여놓는다. 얼핏 봐선 단순한 듯싶지만 통나무로 만든 네 개의 다리와 상판이 튼튼하여 믿음직스럽다. 검붉은 색 바탕에 구름 모양의 무늬가 물결처럼 굽이친다.
　동네 목공방 앞을 지나칠 때마다 창가에 놓인 의자가 눈길을 끌었다. 공방 주인에게 마음에 드는 의자라 갖고 싶다며 값을 깎아달라고 했다. 마음씨 좋아 보이는 주인이 웃으며 부르는 값에 놀라 뒤로 멈칫했다. 큰 작품 만들고 남은 자투리로 만들어서 잔손질을 더 많이 했다며 물러설 기색이 없었다. 아쉬움을 접고 돌아서려는데 정 그러면 그냥 가져가라고 한다. 고맙다는 인사를 몇 번이나 하고 얼른 들고 나왔지만 마음이 무거웠다. 가끔씩 들르는 가게지만 염치가 없지 않은가. 그의 후덕한 성품을 읽을 수 있어 조금 전 깎아 달라고 했던 게 부끄러웠다.

형겊에 올리브유를 발라 문지르니 반질반질 윤기가 흐른다. 황갈색 나뭇결이 한층 더 선명해졌다. 열십자로 짜 맞춘 다리와 반원 두 개를 맞댄 둥근 상판까지 마음에 쏙 든다. 등받이 위쪽에 하트 모양을 조각한 모양새는 단순하지만 귀티가 난다. 잡고 옮길 때도 편리하다. 다부지고 앙증맞은 몸집이 초등학교 때 걸상을 닮아 더 정감이 간다. 안방 화장대 의자로 쓸까 하다 거실 앞 베란다에 두고 '비움의 의자'라 이름 붙였다.

설거지와 청소, 자잘한 집안일을 끝낸 후 커피 한 잔을 들고 자주 이 의자에 앉는다. 요즘 들어 언제 나를 온전히 비워 본 적이 있었던가. 차 한 잔의 여유로움도 호사스러워 깊은 숨 고르기를 한다. 지난 수년 동안 내 일상은 몸이 불편한 남편 뒷바라지에 뒤돌아볼 새 없이 지났다. 목욕을 시키거나 전신을 닦아주는 것을 시작으로 뒤처리까지 끝내면 등줄기에 땀이 흥건했다. 하루하루 그의 수발을 드는 일이 버겁고 힘에 부쳤다. 아이가 되어버린 어른을 돌본다는 게 이렇게 힘든 일일 줄 미처 몰랐다. 옷을 갈아입히고 식사와 약봉지까지 챙기고 나면 나를 단단히 조이고 있던 나사가 맥없이 풀어져 내렸다.

더 이상 나아가지도 물러설 수도 없다. 어차피 해야 할 일이라면 기분 좋게 하려 다짐하지만 속상하고 열이 뻗칠 때가 한두 번이 아니다. 하루에도 수차례 천사가 되었다 악마가 되었다가 천당과 지옥을 오르내린다. 세상을 향한 욕망과 기대마저 버리고 나를 온전히 내려놓아야 숨을 쉴 수가 있다. 그게 현실을 견딜 수 있는 한 방편이라는 걸 비움의 의자에 앉아 귀 기울이게 된다.

유리창에 비껴드는 햇살을 받으며 눅눅한 마음을 뒤집어 말리거나 건너편 아파트 정원의 푸른 나무를 바라본다. 반가사유상처럼 한쪽 다리를 의자에 올려 턱을 받치고 앉기도 한다. 늘 같은 자리에서 계절의 변화를 받아들이는 나무의 성정을 닮고 싶어진다. 사라진 시간들을 되돌려 상상의 나래를 펼치다가도 이내 현실에 굴복하는 아쉬움에 혀를 찔려도 좋다.

의자에 앉으면 치마폭만 한 베란다가 한눈에 들어온다. 마지 나만의 작은 우주에 갇힌 여왕이 된 착각을 하게 된다. 빨래를 널거나 다른 일로 오갈 때는 보이지 않던 것들이 의자에 앉으니 손바닥 안처럼 훤히 들여다보인다. 이래서 높은 자리에 앉으면 옳고 그름과 다스림의 권위가 절로 생겨나는 것인가 보다.

손질을 하지 않아 제멋대로 자란 관음죽 곁가지며 누렇게 마른 제라늄의 진잎이 지저분해 보인다. 화분을 덮을 만큼 영역을 넓혀가는 괭이밥풀도 꽃과 잡초라는 신분 탓인지 내 눈에는 썩 곱게 보이지 않는다. 높은 자리에 앉은 사람의 특권일까. 눈에 거슬리는 것들을 너그럽게 보아줄 아량이 없는 나는 급기야 마시던 커피 잔을 내려놓고 가위를 찾아든다.

이럴 때는 비움의 의자가 아닌 권력과 이기심으로 가득 찬 욕망의 의자다. 원칙도 기준도 없이 기분에 따라 잘라내고 뽑아버린다. 돌변하는 내 변덕이 풀들에겐 횡포이고 날벼락일 것이다. 높은 자리에 앉으면 사악하고 부패하고 불합리한 세상을 왜 그냥 보고만 있겠는가. 세상만사가 눈 아래로 훤히 내다보이는 까닭일 게다.

눈앞에 뭔가가 어른거린다 싶더니 거미 한 마리가 줄을 타고 곡예를 한다. 어리숙한 먹잇감이 걸려들 만한 자리를 물색하는 모양이다. 녀석은 그물을 칠 장소가 썩 내키지 않은가 보다. 한참을 매달려 있다가 다시 밧줄을 타고 쪼르르 올라가 버린다. 미물이지만 참 영특한 재주를 지녔다. 집안 구석진 곳에 쳐진 거미줄이 거슬려 내쫓아버릴까 하다 그냥 봐주기로 한다. 그도 나와 한집에 사는 가족이 아닌가.

세상사 헤쳐 나갈 일이 아득해도 비우고 마음 열다 보면 길이 보이듯, 또 다른 하루를 채우려 의자에서 일어선다.

차茶를 우리다

하얀 백자 다관에 꽃차를 넣고 끓는 물을 붓는다. 다관 뚜껑을 살며시 닫고 장구통 모양의 모래시계를 삼 분으로 맞추어 재빨리 뒤집어 놓는다. 고운 액상의 파란 모래 알갱이가 장구통의 잘록한 허리 아래로 일정하게 흘러내린다. 정교하게 떨어지는 미세한 입자들을 지켜보면서 가만히 기다리는 시간이 좋다.

낮 동안 몸이 불편한 남편의 투정을 다 받아내다 보면 물너울처럼 밀려오는 울분을 가까스로 삭이며 시간을 견딘다. 얼레에 매인 연처럼 바깥으로 나풀거리는 마음을 끓어앉혀 나에게 차 한 잔 곡진히 대접하기로 한다. 하루 중, 이 시간만큼 내가 하고 있는 행위에 충실히 집중하는 시간도 드물다. 몸과 마음이 하나로 포개지는 순일한 의식 같은 것이다.

집 나간 마음을 불러들여 마주하고 싶을 때는 술이라도 한 잔 마시고 싶은데 거리가 멀다. 응어리진 가슴을 풀어 헤쳐 숨통을 틔우고 싶거나 심란할 때 술을 마시면 가라앉는다지만 그 맛을 잘 모른다. 한 모금만 마셔도 불을 담아 부은 듯 얼굴이 붉어져 기분이 좋아지기는커녕 머리까지 아파온다. 술은 가슴을 뜨겁게 데우지만, 차는 머리를 차갑게 식힌다. 탁자 위에 밀쳐둔 소소한 다구들에 눈길이 머문다.

육신의 허기가 아닌 정신의 사치를 위한 시간이다. 차를 우리고 마시는 일은 신의 영역을 넘보는 행위가 아닐까 싶다. 건더기가 아닌 향기를 향유하는 것은 신들이나 하는 미감 의식일 것 같다. 마음이 편안하고 그 향에 머리가 맑아진다. 차분하고 경건해진다.

연말 총회 자리에서 찻잔을 하나씩 선물로 받았다. 자신이 받은 찻잔을 조심스레 건네주던 손길이 있었다. 찻잔은 은은한 비색이 감돌아 빛깔도 곱고 나뭇잎 모양의 잔 받침도 마음에 들었다. 둘이서 마실 때는 찻잔도 서로 쌍이 맞아야 한다며 다도를 하는 동인이 눈짓으로 나직이 속삭였다. 마주 보고 마시려면 찻잔도 짝이 맞으면 좋겠다던 내 말을 흘려듣지 않은 모양이다. 그녀는 나보다 어린 나이지만 매사 푸근하고 넓은 품을 지녔다. 오늘은 그녀의 마음과

매순간 미명에서 깨어 있긴 어렵겠지만
차를 대하는 순간만이라도
기도하는 마음으로 그들을 바라본다.
그러다보면 자신의 거울에 비춰진
또 다른 나를 만나게 된다.

마주하고 앉는다.

모래시계가 멈춘다. 움직이던 것들이 갑자기 멈출 때, 세상은 일시 고요해진다. 청각의 시각화, 아니 시각의 청각화인가. 시끄러운 곳에서는 향내가 덜 나고 어둠 속에서 소리가 더 잘 들리는 법. 차를 마실 때는 사람의 수가 적을수록 그 맛과 향을 제대로 느낄 수 있다. 다성 초의선사도 차를 맛있게 끓이려면 마지막 인연이라는 마음으로 정성을 기울여 예를 다하라 일렀다. 다도를 정식으로 익히진 못해도 즐겨 마시다 보면 나름 형식을 갖추려 노력한다.

백자 다관에 정성스럽게 우려낸 차 한 잔을 따른다. 잔 받침을 하고 조심스레 앞에 놓는다. 엷은 호박색 찻물이 든 찻잔을 가만히 두 손으로 받쳐 든다. 따스한 온기가 찻잔에서 손으로 전해온다. 잔을 천천히 움직여 음미하듯 향을 맡는다. 부드럽게 잔을 기울여 정신을 모은다. 지그시 눈을 감고 마음을 가다듬는 명상에 든다.

먼저 눈으로 차의 빛깔을, 가까이 다가와 코로 향기를, 입안에 들어온 순간에는 차 고유의 맛이 전신에 퍼진다. 차는 마시기 전부터 의식을 치르기도 하지만, 한 모금 입에 머금고 차 맛을 느끼는 순간 머릿속은 온 우주와 닿아 있음을 느낀다. 차 맛이 입안에 머무는 시간은 그리 오래 걸리지 않는다. 대체로 짧은 시간 지속되다 희미해진다.

차 맛을 느끼는 시간은 결코 중요하지 않다. 차를 우리고 기다리는 동안 마음은 이미 명징한 세계로 이끈다. 차의 향과 맛을 음미하는 찰나에 깊은 내면의 세계에 닿는다. 미움과 원망, 분노, 욕망 등 온갖 찌꺼기는 남겨두고 향기로운 찻물로 우려낸다. 기다림과 수용, 비움과 나눔, 밝음과 맑음으로 충만해진다. 텅 빈 마음은 하심으로 돌아간다. 먼저 내 속의 것부터 덜어낸다. 다관 속 찻잎처럼 우려지고 걸러져서 나 아닌 누구에게 향기로 가서 닿을 수만 있다면….

나를 에워싼 크고 작은 인연과 우주만물까지 그들의 존재를 존중하고 멀찍이 바라본다. 결국 내가 품어야 할 인연들이 아닌가. 매 순간 미명에서 깨어 있긴 어렵겠지만 차를 대하는 순간만이라도 기도하는 마음으로 그들을 바라본다. 그러다보면 자신의 거울에 비춰진 또 다른 나를 만나게 된다. 마음 덜어낸 빈자리에 낮 동안의 출렁거림도 작은 행복으로 채워신다.

이 한 몸 걸러내고 우려져 향기로운 차 한 잔이 될 수 있다면, 자주 찻잔을 기울일 터이다. 한 줌 찻잎처럼 찌꺼기로 남을지라도….

꿈속의 섬

 섬은 꿈을 꾸는 듯 아득하다. 통영항에서 약 26킬로 떨어진 한려수도 앞바다에 꽃처럼 떠 있는 작은 섬이다. 멀리 바라다본 바다는 하늘과 서로 맞닿아 물빛과 하늘빛을 가늠할 수가 없다.
 한려해상 쪽빛 바다와 어우러진 소매물도는 천혜의 절경과 크고 작은 섬을 한눈에 바라볼 수 있는 바다의 보물이다. 하얀 레이스를 두른 듯 절벽을 휘감고 출렁이는 파도와 초록 융단을 깔아놓은 싱그러운 초원. 보랏빛 엉겅퀴와 산나리, 섬 꽃들이 해풍에 씻은 듯 해맑은 얼굴로 반짝인다. 폐교가 된 아담한 분교는 풍금 소리가 들릴 듯하고 금방이라도 아이들이 달려 나올 것만 같다. 섬 정상에

동화 속 그림 같은 새하얀 등대가 외로이 홀로 섬을 지키고 섰다. 비스듬히 경사진 언덕을 휘돌아 오르는 오솔길 따라 사람들 발걸음이 삼삼오오 줄을 잇는다.

유람선을 타고 느린 걸음으로 섬들의 속살을 샅샅이 엿보는 마음은 상상의 나래를 펼친다. 수직절벽에 파도와 풍랑을 견디느라 뒤틀리고 휘어져 낮게 늘인 한 그루 해송의 생명력에 경탄을 금할 수 없다. 깎아지른 듯 하늘로 치솟은 기암괴석과 바위동굴의 비경 속으로 빠져든다. 촛대바위, 장군바위, 독수리바위, 공룡섬, 미인도, 글썽이굴, 한 달에 한 번 밤이 되면 만난다는 남매바위 등등. 그 형상에 걸맞게 그럴싸한 전설을 품고 관광객을 유혹한다. 자연이 빚어놓은 조각품 전시장을 둘러보는 기분이다.

바다는 넓고 무한하여 사람의 세상과도 같다. 바람은 거세고 파도는 잠시도 쉬지 않고 출렁인다. 눈에 보이는 풍광만이 아니라 그 속에 무수한 생명과 이야기를 품었다. 높고 낮은 곳을 스며서 흘러내린 빗물을 받아들인다. 산야를 적시고 평지와 계곡을 돌아온 강물을 다 품을지라도 비좁아지거나 넘치지 않는다. 온갖 상처와 허물을 맑게 소생시키는 너그러운 품속이며 수많은 생명의 모성이다.

섬들도 외로움에 지칠 때면 서로 멀찍이 바라보고 그리워한다. 오후 두 시경, 두 섬이 하나가 되는 칠십여 미터 바닷길이 모습을 드러낸다. 소매물도와 등대섬을 잇는 몽돌길이 열리면 섬과 섬을 오가는 몽돌밭이 장관을 이룬다. 몽돌들은 수수만년 파도에 쓸리고 부대껴도 모난 데라곤 눈을 씻고 봐도 찾을 수가 없다. 바다가 훤히 알몸을 드러내고 그 은밀한 속살 사이를 오간다. 하루에 두 번 바닷물이 갈라져 두 섬이 만나는 밀회의 순간이다. 지칠 줄 모르고 달려드는 파도의 유혹에도 숨바꼭질로 빚어낸 사랑의 길이다.

　몽돌들은 오랜 세월 인고의 시간을 견뎌온 성자聖者의 모습으로 비춰진다. 맨발로 걸어도 누구에게 상처 주지 않을 것처럼 둥글고 유연하다. 자연에 순응하다 세상 밖으로 모습을 드러낸 수도승을 닮았다. 몽돌 길을 걸으면서 잠시 나를 돌아본다. 울퉁불퉁 모나고 거친 내 마음 밭은 얼마나 더 부대끼고 닳아야 각진 모서리까지 껴안을 수 있을까. 그 깊은 속살에 오롯이 안기면 바다 저쪽 세상이 내다보인다.

　사람과 사람 사이에도 보이지 않는 섬이 있다. 붐비는 인파 속을 걸어도 한 지붕 밑에서 한솥밥을 먹어도, 어두운 그림자는 늘 삶 주변을 기웃거린다. 누구에게도 꺼내 보이고 싶지 않은 생채기 한 둘쯤 지니고 살아간다. 서로를 바라보고 어우러져 살아도 외톨이처럼 공허할 때가 있다. 그럴 땐 꿈속의 섬을 그리워한다. 그 가슴팍에 안겨 실종된 나를 찾아 한량없이 떠밀려간다.

몽돌 길을 걸으며 미역을 따고 소라도 줍고 싶다. 불덩이 같은 해가 바다로 사라지면 잊고 있던 지난날의 그림자도 떠올려볼 것이다. 별들이 쏟아질 듯 반짝거리고 철썩이는 파도 소리에 잠을 설쳐도 괜찮겠다. 촛불을 켜놓고 차 한 잔 마시다 보면 가슴속에 일던 격랑도 바닷물에 씻겨가지 않을까.

파도에 부대끼는 섬처럼 홀로 외로울 때, 삶이 버거워 힘에 부칠 때 그 섬에 가 안기고 싶다. 누구나 숨 가쁜 일상에 쉼표 하나 찍을 수 있는 꿈속의 섬을 품고 사는지 모른다.

꼬마 무쇠솥

 감기 몸살을 앓고 났더니 입맛이 달아났다. 가을비마저 추적거리는데 몸도 마음도 눅눅히 젖는다. 이런 날은 뜨끈한 국물을 먹으면 기운을 차릴 것만 같다. 냉장고를 뒤적이다 보니 콩나물 봉지가 손에 잡힌다. 시원하게 콩나물국을 끓이면 되겠다 싶다.
 적당한 냄비를 찾아 두리번거리다 발견한 꼬마 무쇠솥에 마음이 꽂혀버린다. 아파트 분리수거 날, 꼬마 솥은 단번에 나를 사로잡았다. 화단 한쪽 구석에 다소곳이 앉아 있는 품새가 여간 암팡지고 귀티가 나는 게 아니다. 원래 주인이 오랫동안 방치한 탓인지 윤기 없이 꺼칠해 보이긴 해도 모양새는 온전하다. 녹슨 흔적이 군데군데 있어도 뚜껑이며 테두리까지 대체로 흠잡을 데가 없다. 크기는 지름이 한 뼘쯤이고 무쇠로 만든 앙증맞은 조선 솥이다. 물이 흘러내리지 않도록 홈을 두른 굽도리 솥전과 딱 맞는 뚜껑에 봉긋이 솟은 손잡이까지 어찌나 정교한지 공들인 품새가 돋보인다.

예전에 아버지가 큰 가마솥을 사서 지게에 지고 오시면 어머니는 먼저 가마솥 길들이기를 시작하셨다. 새로 산 가마솥은 희끄무레 윤기도 없고 표면이 거칠기 마련이다. 물을 붓지 않은 가마솥에 불을 지펴 솥이 뜨겁게 달아오를 때 들기름을 묻힌 걸레로 닦아주기를 반복하셨다. 그렇게 기름칠을 하여 길들인 가마솥은 까만 윤기가 흘러 반들반들 태깔이 났다. 마치 당당하고 위엄 있는 세련미가 안방마님 같았다.

시골 부엌에 있던 무쇠솥을 만난 것처럼 반가웠다. 크기에 비해 무게가 만만치 않아 두 손으로 부둥켜안고 보물인 양 들고 왔다. 철수세미로 먼지와 녹슨 부분을 박박 문질러 씻으니 찬물로 세수를 한 얼굴처럼 말끔하다. 꼬마 무쇠솥은 기름칠로 광내고 길을 들여 우리 부엌의 보물단지가 되었다. 아담하고 다부진 몸집이지만 무겁기는 예사롭지 않다. 누구든 그 능청스러움을 짐작 못 하고 한 손으로 덜컥 잡거나 얕보았다가 그 무게에 놀라기 십중팔구일 것이다.

집에는 크고 작은 냄비와 솥이 여럿이다. 명절이나 제사 때, 생

꼬마 무쇠솥은 예스럽고 우아한 자태만큼
그 성정도 무지근하고 믿음이 가는
속정 깊은 사람 같다.
달달 볶거나 바짝 애태우는 법이 없다.
뜨겁다 급하다 안달하지 않고
진득하게 열을 품는
조선 솥의 미덕을 엿보게 한다.

선을 찌는 커다란 찜 솥을 비롯해 스테인리스 곰 솥, 사기, 양은 냄비까지. 한때는 세련되고 날렵한 냄비들을 세트로 사들였다. 어쩐지 까칠해 보이는 사기 냄비는 깊숙이 넣어 두었고, 보기는 세련돼도 스테인리스 냄비에 콩나물밥과 누룽지가 어디 어울리기나 할까. 끓는다 싶으면 못 참고 들썩거리다 홀라당 뚜껑까지 날려버리는 양은 냄비는 또 보통 경박스러운 게 아니었다. 후딱 달아오를 때는 언제고 손바닥 뒤집듯 금방 냉랭해지는 게 변덕스럽기 짝이 없다. 아무리 급하고 뜨거워도 소리 없이 눈물만 주룩 흘리는 무쇠솥에 비할까.

그렇게 들여온 꼬마 무쇠솥이 마치 오랫동안 손에 익은 듯이 쓸모가 있다. 요즘처럼 입맛 없는 날은 꼬마 솥에 콩나물밥을 지어 갖은 양념장에 쓱쓱 비벼 먹게 된다. 고소하고 고슬고슬한 쌀밥에 콩나물의 아삭한 식감은 말할 것도 없고. 찬밥 더운밥 가리지 않고 노릇노릇 눌러 앉혀 구수하고 뜨끈한 누룽지 맛을 제대로 살리는 데도 제격이다. 따끈한 누룽지 맛에 길든 우리 정서에 그만한 솥이 없을 성싶다.

필요할 때 요긴하다고 만만하게 대한 게 새삼 마음에 걸려 자세히 들여다봤다. 하긴 내가 예뻐한다고 마냥 좋아할 것만도 아니다. 허구한 날 불 달고 사는 꼬마 솥인들 열 받을 때가 왜 없겠는가. 뒤집어 보니 엉덩이가 불에 데어 허연 상처 자국에 실금까지 갔다. 눈앞에 보이는 참한 자태와 제 소임을 성실히 해내는 꼬마 솥의 외양만 보고 좋아한 것 같아 미안한 마음이다. 듬직하고 미더워 보인다고 센 불에 마구 달구었으니 가뜩이나 조그만 몸뚱이가 성할 리가 있을까. 뜨거운 불길도 뚝심으로 버티며 후끈 달아오르는 꼬마 솥이 아닌가.

꼬마 무쇠솥은 예스럽고 우아한 자태만큼 그 성정도 무지근하고 믿음이 가는 속정 깊은 사람 같다. 달달 볶거나 바짝 애태우는 법이 없다. 뜨겁다 급하다 안달하지 않고 진득하게 열을 품는 조선 솥의 미덕을 엿보게 한다.

백제의 미소

미륵불의 미소는 온 세상을 품어 안을 듯 평온하다. 인간이 지을 수 없을 신비로운 표정이다.
　서산시 운산면에서 마애불이 있는 용현계곡으로 가는 봄 풍광이 더없이 평화롭다. 삼존여래불은 가야산 용현계곡 깊숙한 골짜기 한쪽 벼랑 인바위에 새겨져 있다. 층층으로 된 나무계단과 돌계단을 한참 오르면 왼편으로 거대한 층암절벽에 새겨진 삼존여래불상을 만난다.
　1959년 보원사지 발굴을 조사하던 중 마을 주민에 의해 발견된 삼존여래불은 국보 제84호로 지정될 만큼 유명한 백제의 대표적인 조각이다. 중앙의 본존상을 중심으로 오른쪽에는 보살입상이 왼쪽에는 반가사유상이 조각되어 있다. '백제의 미소'로 널리 알려진 마애삼존여래불은 암벽을 조금 파고 들어가 불상을 조각하였고 위로는 넓고 거대한 바위가 지붕 역할을 하듯 떠받치고 있다.

삼존불은 자연 화강석 암벽에 상체는 약간 앞으로 솟아오르고 하체는 조금 들어가게 조각하여 음양을 조절하였다. 입체감보다는 평면감에 치중하여 불상을 사방에서 둘러보는 것이 아니라 정면에 서서 바라볼 수 있다. 연꽃잎을 새긴 대좌 위에 서 있는 삼존여래불은 둥글고 복스러운 얼굴에 천진하고 낙천적인 미소가 흐른다. 반원형의 눈썹, 살구씨 모양의 갸름한 눈, 나지막하면서 살집이 있는 코, 도톰하면서 꼬리가 약간 올라간 미소 띤 입 등을 표현하였다. 얼굴 전체 윤곽이 둥그스름하고 풍만하여 백제 불상 특유의 자비로움과 푸근하면서 서민적인 친밀감을 느낀다.

불상은 빛의 각도와 보는 방향에 따라 미소가 달라진다. 아침 햇살에는 부드럽고 넉넉한 미소를 보이다가 해가 질 무렵에는 사색에 잠긴 듯 우수에 젖는다. 한낮의 햇살 아래 한없이 푸근해 보인다. 볼수록 어머니의 포근한 사랑이 느껴져 발가락이라도 한 번 만져 보고 싶어진다.

6~7세기경 입상보살과 반가사유상이 함께 새겨진 것은 백제만의 독특한 형식이다. 삼존불의 조성 연대가 백제 말이라고 추정한

다면 찬란한 문화를 꽃피우던 백제가 한순간에 무너진 시기이다. 한강 유역까지 영토를 넓혔던 백제가 아래로 신라, 위로는 고구려의 침공을 받아 쇠퇴하였다. 부여 근방까지 밀려 나라의 존망이 위태로운 지경에 이르러 국가의 명운마저 어지러운 시절이었다. 웃을 일 없는 세상을 만났으니 어찌 영원을 담은 미소를 갈망하지 않았겠는가. 그들은 바위에 미소를 새겨 위안을 삼으려 했던 건 아니었을까. 나라의 태평성대와 백성들의 안위를 빌며 마음속 깊이 영혼을 울리는 염원을 담아 새겼으리라.

'백제의 미소'가 사람들의 사랑을 받는 것이 무엇이었을까. 백제인의 영혼에서 우러나오는 신비와 깊이가 진실하기 때문이리라. 커다란 바윗덩이에 지상에서 가장 심오한 미소를 새겨놓았다. 수천만 번 바위를 쪼아 미소를 그리는 일이 예술이라면, 그 예술적 표현이 자신의 심상에 없는 것을 억지로 지어낼 수는 없지 않은가. 그들의 혼이 담긴 미소가 천 년 세월을 넘어 영원히 이어지길 갈망하였으리라.

아름다운 미소를 지닌 민족은 여간 어려운 고난과 시련에도 희망을 잃지 않고 살아왔음을 짐작한다. 신라의 와당에 새겨진 수막새가 있고 백제의 마애여래삼존불의 미소가 있다. 자애롭고 신비한 미소의 희미한 윤곽은 천년 저쪽을 건너 다시 이쪽을 향해 가고 있다. 천년의 풍화를 안고 세월 저편으로 흘러가는 천상의 미소 앞에 마음결이 부드러워진다.

미소는 표정으로 말하는 경전이다. 내면에서 우러나와 겉으로 드러나는 얼굴에 피는 꽃이며 마음으로 건네는 인사이다. 표정 중에 미소처럼 정답고 아름다운 것이 없다.

발그레 물든 햇살에 삼존불의 미소가 발길을 붙잡는 봄날이다.

도토리묵

 귀촌하여 전원생활을 하는 지인한테서 택배가 부쳐왔다. 스티로폼 상자에는 텃밭에 기른 야채와 김장김치, 동치미 등을 겹겹으로 싸서 보냈다. 얼린 도토리묵 재료까지 비닐봉지에 담겨 왔다. 정성을 담아 보낸 그녀의 속 깊은 씀씀이가 전해져 가슴이 따뜻해진다. 얼마 전 도토리묵 만들 줄 아느냐고 물어 보던 이유를 그제야 알고 옅은 미소를 짓는다.
 옛 고향 집 대나무밭에는 둥치 큰 굴밤나무와 밤나무가 있었다. 추석이 지나고 가을걷이가 시작될 즈음, 토실토실 잘 여문 알밤과 도토리가 뒤란과 마당으로 굴러떨어졌다. 가을밤 잠이 들락 말락

하면 뒤꼍 초가지붕 위로 도토리 떨어지는 소리가 투둑, 툭 들려왔다. 그런 밤에는 아침 일찍 일어나 알밤을 주울 생각에 잠을 설쳤다.

 아버지와 일꾼들이 새벽부터 등짐으로 나른 낟가리가 마당에 집 채만큼 쌓이면 탈곡기로 벼 타작을 하였다. 알곡을 털어낸 짚단 쌓는 일은 일쑤 할아버지와 내 몫이었다. 나는 짚단 가리는 일은 뒷 전이고 도토리 줍는 것이 더 재미있었다. 우물가나 장독대와 볏단 사이로 붉은 도토리가 굴러떨어졌다.

 다람쥐도 부지런히 굴밤나무를 날아다니며 먹이를 찾아 헤맸다. 다람쥐는 겨울 양식을 찾느라 바쁘고 나는 도토리 줍는 일에 신이 났다. 언제 어디에 도토리가 많이 떨어져 있는지 다람쥐보다 훤히 꿰고 있었다. 도토리를 가장 많이 줍는 사람도 나와 할아버지였다. 잘 영근 도토리를 양푼 한가득 주워 올 때면 할아버지의 다람쥐 이야기에 귀가 솔깃했다.

 "다람쥐 영감이 가을에는 여러 명의 각시를 거느린디야. 그것도 입이 큰 다람쥐만 골라서."

 "왜요? 할아버지."

 "그야 입이 커야 알밤과 도토리를 많이 물고 올 수 있응께."

 그렇게 해서 곡간에 양식이 가득한 겨울이 되면 다람쥐 영감은 눈먼 각시 하나만 남겨놓고 모조리 내쫓아 버린다는 것이다. 입이

떫고 쓴 도토리 한 알이
묵으로 거듭나려면
많은 시간과 노력을 거쳤듯이
그들도 어찌 떫고 아리던 세월이 없었을까.

큰 각시는 양식을 더 많이 축내기 때문이라 하셨다. 눈먼 각시에게는 떫은 도토리만 던져주고 영감은 달고 고소한 알밤만 까먹으면서….

"마누라 알밤이 참 달고 고소하구만." 하고 놀리면 "에잇! 영감 쓰고 떫기만 하구만." 나는 할아버지의 옛날이야기에 침이 꼴깍 넘어간다.

할아버지는 막걸리와 메밀묵, 도토리묵을 즐겨 드셨다. 흰 무명옷에 하얀 코고무신을 신고 머리에 탕건을 쓰셨다. 긴 담뱃대를 물고 있거나 허리춤에 꽂고 다니기도 했다. 어머니는 할아버지 구미에 맞춰 도토리묵을 별미로 쑤었다.

추수가 얼추 끝나면 어른들은 논밭에 거름을 내고 보리갈이로 분주해진다. 할아버지는 팥이나 수수, 조 같은 잡곡을 잔손질하셨다. 양지바른 마당 한 귀퉁이 차지하고 지붕에 얹을 이엉을 엮으시기도 했다. 볏짚으로 엮은 이엉 두루마리가 마당에 그득했다. 도토리를 멍석에 대고 방망이로 두들겨 껍질을 까는 것도 할아버지의 소일거리였다.

그즈음 어머니는 도토리묵 만들기에 바빴다. 절구에 빻은 도토리는 우물가 입이 넓은 대야에 우려내기를 사나흘이나 반복했다. 불그레한 떫고 아린 물이 맑은 물이 될 때까지 수시로 갈아주었다. 우려진 도토리를 맷돌에 곱게 갈아 무명 자루에 넣고 주물러 걸러낸다. 걸러진 물을 가라앉혀 웃물을 따라내기를 여러 차례 거듭하면 앙금만 남는다. 앙금을 물과 함께 가마솥에 붓고 뭉근한 불로 끓이면 걸쭉해진다. 물과 앙금의 비율을 적절히 맞춰 눌어붙지 않게 나무주걱으로 잘 저어준다. 이때 한쪽 방향으로 천천히 저어야 뭉치지 않고 표면이 매끈한 도토리묵이 쒸진다.

도토리묵에는 인내와 기다림, 정성과 지혜로 빚어낸 한집안의 내력이 오롯이 깃들어 있었다. 떫고 쓴 도토리 한 알이 묵으로 거듭나려면 많은 시간과 노력을 거쳤듯이 그들도 어찌 떫고 아리던 세월이 없었을까. 할아버지는 야들야들 윤기 흐르는 도토리묵과 막걸리 한 사발을 단숨에 드셨다. 갓 짜온 참기름 한 방울과 갖은 양념장이면 고소하고 담백한 도토리묵 맛에 온가족이 푸근했다. 그렇게 내리사랑 치사랑으로 부대끼며 살았다. 이제는 가을밤 도토리 떨어지는 소리도 흰 수염을 쓰다듬던 할아버지 모습도 멀어진지 오래다.

그녀가 보낸 도토리 재료를 꺼내 농도를 적당히 맞춰 끓인다. 어머니가 했던 것처럼 주걱으로 천천히 저어준다. 한참 젓다 보니 걸쭉하게 복닥복닥 기포가 솟아오른다. 완성된 도토리묵 사진을 찍어 그녀에게 전송한다. '엄지 척' 이모티콘이 날아온다.

군 불

　명절을 쇠러 왔던 가족들이 썰물처럼 빠져나간 빈자리에 쓸쓸함이 밀려든다. 제 식구들을 오롯이 차에 태우고 서둘러 떠나는 자식들을 향해 흔들던 손을 내리자 눈앞이 흐려진다. 집안 곳곳에는 아직 그들의 애틋한 체온이 남아 있다.
　손에 쥐고 있던 귀한 물건을 놓아버린 듯 안절부절 마음 둘 곳을 모르겠다. 바람에 날리는 풍선처럼 걷잡을 수 없는 마음을 달래보려 무작정 집을 나섰다. 딱히 갈 곳도 누가 오라는 것도 아닌데 머릿속은 벌써 지리산을 향해 차를 몰아가고 있다.
　작은 민박집 앞에 차를 세웠다. 인기척을 하자 현관문을 반쯤 열고 얼굴을 내민 주인남자가 별로 달갑지 않은 표정을 짓는다. 왜 아니겠는가. 더구나 설 뒷날 이런 산골까지 찾아와 하룻밤 묵기를 청하고 있으니….

"오래 묵혀둔 방이라 군불을 때서 덥히려면 시간이 좀 걸릴 건데…."

말꼬리를 흐리며 장작 한 아름을 아궁이 앞에 풀썩 내던진다.

"아저씨 불은 제가 지필테니 염려 마세요."

아궁이 앞에 쪼그려 앉으니 괜한 고생을 사서하는 꼴이라 서글퍼진다. 편안한 집 나와서 무슨 한심한 노릇이란 말인가. 내심 자신을 질책하고 있다.

사방이 산으로 둘러쳐진 산중은 어둠이 빨리 찾아든다. 헌 신문지에 불을 살라 솔방울 몇 개 매단 마른 솔가지에 옮겨 붙인다. 묵혀두었던 눅눅한 아궁이에 잘 마른 불쏘시개가 화르르 불꽃을 일으킨다. 솔잎들이 먼저 호들갑스럽게 타들어 가고 솔방울은 잉걸불이 되어 꽃송이처럼 피어난다. 불이 아궁이에 잘 들도록 장작더미를 천천히 밀어 넣는다. 덜 마른 생솔가지가 들었는지 내뿜는 매운 연기로 눈물이 난다. 이참에 마냥 울어버리고 싶지만 앉은걸음으로 한발 물러나 타는 불길을 부지깽이로 들썩거려 본다.

토방 아궁이에 불을 들이고 있는 내가 영 미덥지 않은지 주인남자는 자꾸 얼굴을 들이민다.

"너무 들쑤석거리지 말아요. 그런다고 불길이 잘 드는 게 아닌기라."

불길과 여자는 자주 건드리면 도망간다는 옛말도 있다며 퉁을 놓는다. 어릴 적에는 무슨 뜻인지 몰라 어른들이 하는 소리를 귓등으로 들은 것 같아 미소로 답한다.

사람과 사람 사이 또한 그렇지 않은가. 뜨겁게 혹은 활활 타오르는 사이일지라도 때로는 그 불길을 가만두고 지켜봐야 할 때가 있지 않던가. 불길이 잘 들도록 장작을 적당히 넣어 숨구멍을 틔워줘야 할 때도 있다. 서로에게 지나치게 집착하거나 간섭하다 보면 타오르던 불길도 이내 사그라지고 만다. 마음에 이는 숨결이 들쭉날쭉 고르지 못하면 오히려 불길은 잦아들고 속 깊은 바닥까지 온기를 전하지 못할 수도 있기 때문이다.

오래 비워둔 방으로 들어가 바닥에 손을 대본다. 아직 냉골이다. 다시 아궁이에 장작을 들인다. 불꽃이 활활 타오른다. 내 인생 어디쯤에 저 불꽃처럼 뜨겁게 타던 때가 있었을까. 장작 한 아름을 다 태웠음에도 바닥은 여전히 차기만 하다. 조바심으로 데워지지 않는 토방과 군불만 안달하고 있다. 불길이 뭉근하게 타들어야 열기를 오래 품는 토방의 생리를 생각 못 한 아둔함이다.

깊고 첩첩한 산골에도 계절은 어김없이 찾아온다. 민박집 마당 매화 가지는 진주알 같은 꽃망울을 매달았다. 정월에 피는 매화를 납매라 하던가. 한겨울에 성급하게 피어난 몇 송이 꽃이 대견스러워 한참을 눈 맞춤 한다. 산중의 어둠은 순식간에 주위를 덮쳐버린다. 타오르던 불길도 사위어간다.

멀리 산사의 저녁 예불 종소리에 두 손을 모은다. 내 안에 이는 집착과 들끓음, 욕심과 원망, 공허한 그리움이 사그라지도록 마음의 군불을 지펴 보리라. 불을 키워 볼 욕심에 들썩거려 안달하면 타오르던 불길도 폭삭 사그라지고 만다는 주인장의 말을 덧대어본다. 활활 타던 불길이 사그라져 재만 남은 뒤에 훈기가 스미듯, 사람 또한 그러함을 언제쯤이면 알게 될까. 작은 숨구멍이라도 틔워 서로를 느긋하게 바라볼 줄 알아야겠다.

군불이 사그라지듯 낮 동안 들끓던 숨결도 잦아드는 산중의 밤이 깊어 간다.

눈깔사탕

여행길에 누군가 사탕을 꺼내 입에 넣어 줄 때면 마음이 따뜻해진다. 장거리운행 중에 피곤하여 졸음이 쏟아지거나 입이 심심할 때 청량제로 그만한 것도 없다. 나 역시 운전을 할 때는 사탕봉지를 가방에 챙겨 넣는 버릇이 있다.

1950년대, 초등학교 다니던 십리 길은 내게 멀고도 힘에 겨웠다. 한국전쟁이 끝난 지 얼마 되지 않았으니 도시와 농촌을 막론하고 누구나 헐벗고 굶주렸다. 어릴 때 횟배를 자주 앓았던 나는 아침밥을 거른 채 학교에 가는 날이 잦았다. 어머니는 박하사탕을 숨겨두었다가 하나씩 꺼내 주기도 했다. 아침밥을 굶고 등교하는 날은 현기증이 나고 눈앞에서 별이 번쩍거렸다. 이웃에 사는 육학년 아재 등에 업혀 갈 때도 있었다. 흙먼지 풀썩거리는 자갈길을 타박타박 걸으면 허기는 더 끈질기게 따라왔다.

배고픔을 견디다 못해 수업시간이 끝나기 무섭게 우물가로 달려갔다. 우물가는 벌써 나보다 일찍 온 오빠언니들이 줄을 서 있었다. 서로 먼저 물을 먹겠다고 두레박을 빼앗으려 아우성이었다. 이내 시작종이 울리면 물 한 모금 얻어 마시지 못하고 되돌아설 때가 많았다. 상급생들도 도시락을 가지고 오는 사람이 흔치 않았다. 우리는 다 같이 물 한 바가지로 주린 배를 채워야만 했다.

일주일에 한 번씩 미국서 보내온 구호품으로 옥수수 가루나 분유를 나눠주었다. 그런 날은 생가루를 한 주먹 입에 털어 넣고 물 한 바가지 마시면 그런대로 견딜 만했다. 깡마른 얼굴에 허연 가루로 분칠한 모습을 마주 보고 깔깔대던 천진한 시절이었다.

어머니를 졸라 학용품을 살 돈으로 십 환짜리 지폐 한 장 받는 날이면 기분이 날 듯이 좋았다. 오 환으로는 연필을 사고 나머지 오 환은 눈깔사탕을 사먹을 수 있었기 때문이다. 달콤하고 맛난 알사탕 하나 사는 날이면 혼자 숨어서 몰래 먹기도 했다. 그때 눈깔사탕은 얼추 갓난아기 주먹만 했다. 크기도 컸지만 알록달록 무지개색으로 빛깔 또한 고왔다. 눈깔사탕이라는 이름도 눈알처럼 동그랗고 커다란 사탕이라 붙여진 것이 아닐까 싶다. 오죽하면 십리

길을 가면서 먹을 수 있다 하여 십리사탕이라 했을까.

눈깔사탕 하나만 있으면 집으로 돌아오는 먼 길도 단숨에 내달을 수 있었다. 아껴가며 오래 먹기 위하여 깨물어 먹지 않고 사탕 겉면에 붙은 설탕 알갱이부터 하나씩 떼어먹었다. 아이들은 한입만 빨아먹게 해달라며 침이 마르도록 졸졸 따라다녔다. 나도 그때만큼은 우쭐해져 가장 좋아하는 애들부터 한입씩 빨아먹도록 허락했다. 아이들은 단물 한 모금에 기운이 솟는 듯 생기가 돌았다. 지금 생각하면 굶주리고 허기지던 시절의 한 단면을 엿보는 것 같아 서글프기만 하다. 눈깔사탕이 십리사탕이라지만 오 리쯤 가다 보면 거의 다 녹아 없어졌다. 그래도 허기를 달랠 수 있어 마냥 행복했다.

이십여 년 전, 호주 여행길에서였다. 버스를 타고 가던 중에 일행 한 사람이 알사탕 봉지를 꺼내 하나씩 나눠 주었다. 모두들 볼을 불룩거리며 먹는 모습을 백미러로 쳐다보던 운전기사가 당황해 하면서도 우스워 죽겠다는 시늉을 했다. 버스 안에서는 음식을 먹지 않는 그 나라의 정서와 다른 문화에 황당했던 모양이었다. 우리나라에서는 흔히 있는 일이기에 서로 쳐다보며 웃었다.

가끔 슈퍼마켓에 진열된 여러 종류의 사탕들을 보면 허기지던 어린 시절이 생각나서 눈길이 머물곤 한다. 알록달록한 색깔과 새콤달콤하고 다양한 향으로 우리의 입맛을 사로잡는 사탕들이 즐비하다. 지금은 건강상의 이유를 들먹이며 안 먹을 따름이라 격세지감을 느낀다.

　세월의 흐름 따라 입맛은 예전으로 다시 돌아가는 것인가. 간혹 사탕을 입에 넣고 굴리는 내 모습을 본다.

part 2

봄날 천변

봄날 천변川邊

　강물을 옆구리에 끼고 걷는 바람결이 한결 부드러워 봄기운이 훅 끼친다. 강은 물안개에 쌓여 아직 잠이 덜 깬 듯 정적에 잠겼다. 물안개는 흰 망사 커튼을 드리우고 투명한 길을 선뜻 내주질 않는다. 멀리서 걸어오는 사람과 가까이 다가서는 자연이 실루엣으로 어른거린다.
　어둠이 물러가고 해가 떠오르기 전의 세상은 옅은 먹물을 풀어놓은 듯 차분히 가라앉았다. 어둠과 밝음의 경계를 무너뜨리는 새벽은 낮과 밤, 어제와 오늘을 잇는 매개체 같기도 하다. 지난가을 청둥오리가 자맥질을 하고 놀던 강 가장자리에 물오리 가족 한 무리만 떠다닌다. 철새들도 찬물에 머리를 박고 물구나무서기로 건져 올린 사연들을 씨줄과 날줄로 엮어 고향으로 떠난 지 오래다. 홀로 남은 흰 왜가리도 먼 곳을 바라보며 정물처럼 명상에 잠긴 듯 섰다.

이른 아침이면 창원천변을 걷는다. 내 머릿속처럼 뿌연 안개에 쌓인 길을 끌리듯 간다. 나는 어디서 왔으며 지금 어디로 흘러가고 있는가. 왜 하필 이곳에서 아등바등 살고 있는가. 문득 한 오라기 실바람이 머리를 스친다. 불투명한 일상에 드리운 안개는 언제쯤 맑은 얼굴을 보여줄 것인가. 머릿속이 온통 희뿌옇다. 물안개의 미립자에 휩싸였던 강물은 산책 나온 사람들 발자국 소리에 놀라 맑은 여울로 뒤척인다. 유유히 흐르는 강물도 작은 바윗돌이라도 부딪쳐야 하얀 물보라를 일으키지 않던가.

수초 사이를 부지런히 헤엄치는 물오리 가족에게 눈길을 준다. 밤새 들고양이나 천적들의 습격을 받지 않았는지 궁금하여 세어보기도 한다. 달포 전쯤 부화한 새끼 다섯 마리가 어미 뒤를 헤엄쳐 가는 모습이 앙증맞고 귀엽다. 작년에 부화한 새끼는 어미와 몸집이 비슷하여 언뜻 봐선 어떤 녀석이 어미인지 구별이 잘 안 될 때도 있다. 그럴 때는 맨 앞에 가는 녀석의 뒤를 따라 헤엄치는 것을 보면 금방 알아차린다.

동녘이 서서히 잿빛 휘장을 걷어내고 은빛 하늘로 물든다. 주변

사물들도 어렴풋이 제 모습을 드러낸다. 부들과 억새풀도 간간이 불어오는 바람에 이슬을 털고 있다. 혹한을 견디느라 땅바닥에 바짝 엎드린 하얀 냉이꽃이 맑은 웃음을 짓는다. 척박하건 비옥하든 앉은 자리를 탓하지 않는 그들처럼 주어진 운명에 순응하라 넌지시 이른다. 나만의 선을 그어놓고 거리를 두지도 주변을 탓하지도 말라 한다. 크든 작든 따스한 눈길을 보내오는 손길일지라도 초라한 내 풍경 속 세상을 보듬으라 한다. 삶의 근원이나 존재 이유 같은 건 묻지 말고 그저 묵묵히 앞만 보고 걸어가라 일러주는 것 같다.

혹독한 추위를 견디고 실바람에 몸을 흔드는 억새풀 한 줄기 힘주어 당겨본다. 뿌리 끝에서 완강한 저항이 손아귀에 짜릿하게 와 닿는다. 아침마다 '백세인생'을 노래하며 걷는 어르신의 완고한 투지처럼 아릿한 전율이 인다. 우리 모두 바람 찬 강가에 뿌리를 내린 여리고 강인한 목숨붙이들이다. 그들도 발부리에 억센 힘을 주고 버티며 이 세상을 건너가고 있질 않은가. 주어진 삶만큼 최선을 다하고 살아야지 싶다.

휴대폰으로 '백세인생'을 틀고 활보하시는 할아버지와 마주친다. 여든은 훌쩍 넘기신 것 같지만 걸음걸이에 힘이 있고 경쾌하다. 활력 넘치는 하루를 맞는 어르신을 만나면 덩달아 발걸음이 가볍다. 노랫말이 오죽 절실하면 저러실까 싶어 휑한 바람이 일다가도 미소가 절로 나온다. 얼마 전까지 새벽 산책을 부지런히 다녔던 남편 모습이 어룽져온다. 다가오는 사람도 스쳐가는 이도 바쁜 하루를 여는 이웃들이다.

　제 키보다 몇 배가 넘도록 뿌리를 뻗어 끈질기게 살아가는 풀도 새들도, 나와 같은 곳에 둥지를 틀고 뿌리내린 토착민이다. 어쩌다 불시착한 세상에 꿈을 묻고 살아 있음의 책무를 다하려 서성대는 동지들이다. 각각 다른 생존방식에 의해 살아갈 뿐 똑같은 여정을 따라 걷고 있다.

　스치는 인연들이 냉이꽃처럼 새하얗게 핀 봄날 천변이다. 긴 부리에 날씬한 몸매를 뽐내는 두루미 한 마리가 갸우뚱 물음표로 서 있다.

오카리나 연주

　노무라 소지로의 오카리나 연주 '철새는 날아가고'를 듣는다. 길게 늘어뜨린 머리카락을 흩날리며 온몸으로 연주하는 모습이 인상적이다. 소지로는 스승인 가야마 히사시의 오카리나 음색에 반해 모든 에너지를 오카리나에 쏟은 일본의 오카리나 연주자이다. 자신이 만든 오카리나에 특유의 음색으로 혼신을 기울여 연주한다. 영혼의 숨결을 오롯이 오카리나에 불어넣어 듣는 이의 심금을 울리게 한다.

　새벽별을 스쳐온 바람 소리 같은, 청신한 청보라 들꽃의 무구한 슬픔처럼 구슬프기도 하다. 그의 연주를 듣노라면 통역이 필요 없는 만국 공통어라는 걸 느낀다. 영혼의 모음 같은 울림 앞에서 가사란 한갓 겉치레일 뿐이다. 티 없이 맑은 가을 하늘처럼 청아한 선율이다. 새 모양의 조그만 악기가 내는 소리에 가만히 눈 감으면 세속에 찌든 거친 숨결도 어느새 정화되는 느낌이다.

한동안 오카리나 연주에 푹 빠졌던 적이 있다. 한 문학 단체의 연말 송년회가 있던 날이다. 본 행사가 끝나고 축하 공연으로 오카리나 연주가 있었다. 남녀 아홉 명의 출연자로 구성된 혼성그룹이었다. 서너 명씩 조를 이뤄 각각 크기가 다른 오카리나로 하모니를 이루며 연주를 했다. 그중에도 내 눈길을 사로잡은 것은 두 팔로 안을 정도로 커다란 오카리나였다. 여태껏 그처럼 큰 것도 처음 보거니와 어떤 소리가 날까 궁금하여 가슴이 두근거렸다.

이내 오카리나 연주가 시작되었다. 첫 곡으로 동요 박태준 작곡 〈오빠 생각〉을 연주하였다. 어릴 때 이 노래를 부르면 막연한 그리움에 젖기도 했다. 처음에는 작은 오카리나의 맑은 음색으로 서로 조화를 이뤄 물 흐르듯 청중을 사로잡았다. 큰 오카리나는 언제쯤 소리를 낼 것인가 귀를 기울였다. 연주하는 중간중간 부드럽고 포근하면서 낮은 톤의 '뜸북뜸북' 하는 음률은 마음 깊은 곳을 울려왔다. 큰 오카리나가 화음으로 내는 여운이다. 지금까지 들었던 경쾌하고 맑은 소리와는 전혀 다른 음색이 부드럽게 흐른다. 낮은 음색은 솜털처럼 포근하고 감미로워 은은한 달빛 속을 거닐었다. 연

가끔 한 마리 새가 되어
무한 창공을 날아다니고 싶을 때가 있다.
고요하던 일상에 복병처럼 날아든
소용돌이에 휘말리면
현실에서 멀리 벗어나고 싶어진다.

이어 몇 곡을 연주하는 동안 특유의 맑고 깊은 소리는 나의 무딘 오감을 자극할 정도로 가슴을 젖게 했다.

오카리나는 작은 새를 닮았다. 음률은 맑은 새소리를 연상케 하여 자연의 소리에 귀를 열고 있는 듯 경쾌하다. 이탈리아 말로 새끼 거위를 뜻하는 오카리나는 진흙을 구워 만든 테라코타 흙 피리다. 뜨거운 불가마 속에서 인고의 시간을 견딘 끝에 탄생한 한 마리 새이다. 크기와 재질에 따라 조금씩 다른 음색을 낸다. 물과 흙과 불의 기운으로 빚어진 작은 새 한 마리가 그토록 맑고 고운 목소리로 노래하는 것일까.

가끔 한 마리 새가 되어 무한 창공을 날아다니고 싶을 때가 있다. 고요하던 일상에 복병처럼 날아든 소용돌이에 휘말리면 현실에서 멀리 벗어나고 싶어진다. 그럴 땐, 소지로의 '철새는 날아가고'를 반복해서 듣는다. 날을 세운 현실에 맞서는 나만의 한 방편이다. 눈을 감고 새의 몸통에서 울려나오는 구슬프고 따뜻한 음색에 젖어 꿈길을 거닌다. 달빛, 별, 숫눈, 바람, 시냇물 같은 정갈한 무공해 낱말들이 두서없이 뇌리에 떠오른다. 한 점 먼지도 허락지 않을 순수한 소리에 마음을 적신다. 세파에 혼탁해진 귀를 몇 번을 헹궈내야 머리와 가슴이 되울림으로 맑아질 수 있을까. 청청한 샘물로 빚은 오카리나 연주를 듣고 또 듣는다.

청아한 선율은 순수한 자연이 빚어낸 새 한 마리가 속을 온전히 비우고 내뿜는 무심의 소리. 구름 한 점 없는 텅 빈 가을 하늘처럼 맑은 음색에 문득 나를 돌아본다. 얼마나 더 비우고 살아야 맑고 가벼워질 수 있을까.

오카리나의 청아한 소리에 바스락대던 마음도 차분히 가라앉는다. 내 영혼에 맑은 소리가 깃들 순수한 선율이 귓전에서 맴돈다.

검정 고무신

꽃신을 신고 사뿐사뿐 걸어본다. 말랑거리는 유연함이 발바닥에 착 달라붙는다. 부드러우면서 날렵하고 편안해서 가뿐하다. 밟히는 감촉이 온몸으로 전해온다.

선물로 받은 고무신 앞 콧등에 빨강, 노랑, 초록의 꽃무늬가 검정색 바탕과 잘 어울려 앙증스럽다. 반들반들 윤기가 돌아 태깔도 곱다. 오색물감으로 아기자기하게 그린 꽃그림은 K씨의 정성과 섬세함까지 돋보인다.

검정고무신은 궁핍했던 어린 날의 추억을 불러온다. 장난감이 귀하던 시절, 소꿉놀이할 적에 검정 고무신을 갖고 놀았다. 공기

놀이를 할 때는 공깃돌을 담았고, 구슬치기할 때는 신발 한가득 유리구슬을 담아두었다. 무더운 여름날 밭일하는 어머니를 따라가면 개울가에서 검정 고무신으로 가재와 물방개를 잡고 놀았다. 고무신에 갇힌 물방개와 가재로 물놀이하다 보면 배고픈 줄도 몰랐다. 검정 고무신만 있으면 앞마당과 시냇물이 놀이터가 되었다.

초등학교 일학년 무렵까지 검정 고무신을 신고 다녔다. 힘든 보릿고개를 넘던 시절이라 농촌에선 주로 질기고 값싼 검정 고무신을 신었다. 새 학기가 되면 운동화를 사달라고 어머니를 졸랐다. 이학년이 되면서 새로 부임한 여 선생님이 담임 선생님으로 오셨다. 칠판에 선생님 이름을 크게 쓰시고 우리 반 담임을 맡게 되어 반갑다고 하셨다.

선생님 옆에는 분홍색 꽃무늬 원피스를 입은 얼굴이 하얀 여자아이가 다소곳이 서 있었다. 도회지 학교에서 전학 온 그 아이는 내가 한 번도 신어보지 못한 운동화까지 신고 있었다. 선생님과 여자아이가 어느 먼 나라에서 온 천사처럼 느껴졌다. 선생님은 전학 온 친구이니 사이좋게 잘 지내라며 내 옆에 앉으라고 하셨다. 그 애와 짝이 된 것이 좋으면서도 자꾸만 움츠러들었다. 긴 머리를 두 갈래로 곱게 땋은 그 애에 비하면 단발머리에 검정 고무신을 신은 내 모습이 부끄러웠다. 무명치마와 검정 고무신이 신경 쓰여 발가락만 꼼지락거렸다. 마음은 온통 그 애가 입은 분홍 원피스와 빨간

운동화에 쏠렸다. 새 운동화를 사주지 않는 어머니가 원망스러웠다.

다음 장날에는 꼭 운동화를 사달라고 어머니를 졸라야겠다고 생각했다. 학교에서 돌아오는 십리 길은 흙먼지 날리는 울퉁불퉁한 자갈길이었다. 고무신을 돌부리에 문지르고 발을 질질 끌었다. 미끄럼을 타고 땅바닥에 짓이겨도 구멍이 나지 않았다. 검정 고무신은 먼지만 뿌옇게 뒤집어쓴 채 멀쩡했다. 집에 돌아와서도 일부러 심통만 부려댔다.

장날 아침, 남몰래 일어나 어머니의 흰 코고무신을 짚수세미로 문질러 씻었다. 밑바닥이 닳아 해진 고무신은 아무리 닦아도 반들반들 윤기도 탄력도 없었다. 어머니는 댓돌 위에 나란히 세워둔 하얀 고무신을 보고 '내 딸이 내 손'이라며 칭찬까지 해주었다. 어머니가 틀림없이 새 운동화를 사줄 것만 같아 학교에서도 온종일 기분이 좋았다. 내일이면 짝지 앞에서 검정고무신을 감추지 않아도 될 생각을 하니 절로 우쭐했다.

해가 저물 무렵 장에서 돌아온 어머니가 눈치를 살피며 꺼낸 새 신은 그토록 갖고 싶던 운동화가 아니었다. 콧등에 나비 한 마리가 붙은 하얀 고무신이었다. 순간 실망과 원망으로 눈물만 뚝뚝 흘렸다. 밥도 먹지 않고 시무룩해 있는 내게 어머니는 다음 소풍 때는 꼭 새 운동화를 사준다며 달래셨다. 한동안 나비가 달린 고무신만

신고 다녔던 기억이 난다.

삶의 무게에 짓눌려 고단했을 어머니 마음은 전혀 알 턱이 없던 시절이었다. 그때 토닥토닥 등을 다독이던 어머니의 손길은 지금도 잔잔한 울림으로 남아 있다. 더는 앞으로 나아갈 수 없어 주저앉고 싶을 때 나를 지탱하는 버팀목이 된다. 때로는 삶의 방향을 잃고 천방지축 비틀거리는 손을 잡아주기도 한다.

가끔 검정 고무신을 신고 다니는 K씨를 만날 때면 예스러운 멋과 어린 시절의 추억을 더듬는다. 힘든 보릿고개를 함께 넘으면서 묵묵히 동행했던 검정 고무신이라 그런가 보다. 긁히고 찢어지고 닳아지더라도 내가 먼저 벗어던지지 않는 한, 꼭 붙어 다녔던 신발이다. 시류의 물결 따라 겉모습은 변했어도 속정은 한결같은 의리와 겸양의 미덕을 지니기도 했다.

현관에 가지런히 놓인 검정 꽃신을 신고 거울에 비춰본다. 오래된 책 속에 끼워둔 꽃갈피를 꺼내보는 듯 화사하다.

앵 병

　동갑내기 시누이가 간장 항아리를 하나 갖다 주었다. 항아리 모양이 하도 생뚱맞게 생겨 딘지 이름이 뭐냐고 물으니 옛날 술초미리라 한다. 집에서 술을 담가 먹던 시절에 청주나 막걸리를 담았던 항아리 같았다.
　톱톱하고 무딘 주둥이와 볼록한 배하며 막걸리 네댓 되는 너끈히 머금었을 것 같다. 병이라고 하기에는 목이 짧지만 항아리라고 하기에는 긴 어중간한 그릇이다. 목이 좁고 길어서 막걸리를 빚어 청주를 담는 항아리로 많이 사용했던 것 같다. 어떠한 멋이나 기교도 없이 수수하고 은근한 때깔까지 볼수록 푸근하고 편안하다. 거실에 두고 가을날 들국화 한 다발 꽂아 두면 제격일 것 같아 쾌재를 불렀다.

　도서관에서 부엌살림 도감을 찾아보다 비슷한 모양의 항아리를 발견하고 놀랐다. 그 이름도 생긴 모양만큼이나 묘하여 웃음이 절로 났다. '앵병'이라니, 앵병이란 이름을 가지게 된 이유 또한 웃긴다. 항아리의 천연덕스런 생김새와 장난기 어린 이름까지 뭉근한 정감이 묻어난다.

　앵병은 옛날에 한 옹기장이가 그릇을 새로 만들었는데, 이건 대체 병도 아니고 항아리도 아닌 애먼 그릇이 되었다. 그게 마뜩찮았던 옹기장이는 자기도 모르게 '앵~~' 하는 소리를 냈다고 한다. 그 다음부터 그 항아리를 앵병이라고 부르게 되었다는 이야기이다. 그럴듯하면서 재미있는 이야기다. 세상살이란 만남도 헤어짐도 모두가 인연 따라 오고 간다고들 한다. 이 앵병도 시누이와는 연이 다하여 인연 따라 내게로 온 게 아닐까 싶어 더 정이 간다.

　앵병은 언뜻 보기에는 옛날 시골 부뚜막에 있던 초항아리처럼 생겼다. 몸통은 초항아리보다 조금 펑퍼짐하고 배가 볼록 나온 것이 특징이다. 초항아리는 가느다란 목에 나팔 모양의 입술과 초를 따를 수 있는 뾰족한 주둥이가 어깨에 하나 더 달렸다. 앵병은 목이 잘록하고 크지도 작지도 않은 조금 도톰하면서 볼륨감 있는 입술을 가진 항아리다. 주둥이로는 어른 손 하나가 들랑날랑할 정도이다. 걸레로 여러 번 닦아내니 거칠거칠하던 몸통이 반들반들 윤기가 흐른다.

이른 봄, 거실 한쪽 구석 자리를 묵묵히 지키고 있던 앵병에 매화꽃 두어 가지 꽂으면 은은한 매화 향이 가득해 남 먼저 봄을 느낀다. 굳이 꽃집에서 산 화려한 꽃이 아니어도 좋다. 산기슭에 쓸쓸히 홀로 핀 진달래나 울타리에 무리 지어 피어난 개나리꽃 한 가지 꽂아도 수더분한 항아리와 잘 어울린다. 여름 산책길에 개울가를 지나다 만난 꽃창포 한 줄기와 보랏빛 도라지꽃 두어 송이 꽂아본다. 멋스럽고 우련한 기품이 묻어난다. 가을에는 노란 들국화 한 아름 꽂아두면 가을 정취가 집 안에 그득하다.

생김새는 어중간해도 여러모로 쓰임새가 많은 앵병은 참 고마운 그릇이다. 틀에 박힌 비율로 완벽하게 만들어진 항아리보다 끌리는 것은 조금 불완전하지만 여유롭고 순수한 맛이 우러나기 때문이다. 사람도 앵병처럼 제 생긴 외모나 겉치장만으로 판단할 게 아니라는 생각이 든다. 완벽함의 충만보다 어딘지 모르게 조금 부족함이 주는 너그러움이 훨씬 좋을 때가 있다. 막걸리를 담든 간장을 담든, 그 어떤 꽃을 꽂든지 다 품어주는 앵병의 수더분함이 마음을 편안하게 해준다.

그 옛날 한 옹기장이의 손길로 빚어져 시골 어느 부지런한 아낙의 사랑을 받다 여기까지 왔을까. 제 속에 맑은 향기로움을 간직한 것조차 아득한 전설이 되어 내게 온 것이 기껍다.

도톰하게 나온 배를 손으로 가만히 쓸어본다.

동백섬 지심도

선착장에 내려 비스듬한 오솔길을 휘돌아 오른다. 아름드리 동백나무에 점점이 핀 동백꽃이 얼굴을 내민다. 초록 이파리 사이로 붉은 동백꽃이 활짝 웃으며 마중을 한다. 꽃샘추위에 움츠렸던 마음도 붉은 동백꽃처럼 환히 피어난다.

지심도는 하늘에서 내려다보면 섬의 지형이 마음 심心자를 닮았다하여 지심도라 부르며 동백섬으로 널리 알려진 곳이다. 식당을 겸한 민박집들이 푸른 동백 숲속에 듬성듬성 보일 뿐, 자연경관을 그대로 보존한 천혜의 원시림이다. 육지에서 배로 싣고 온 식자재나 생필품을 운반하는 자전거와 오토바이가 유일한 교통수단이다.

해안 절벽을 따라 동백 숲이 짙어질수록 동박새의 경쾌한 지저귐도 요란하다.

동백은 봄, 여름, 가을 다 마다하고 매서운 혹한 짜디짠 바닷바람에 맞서 핏빛으로 선연한 꽃봉오리를 맺는 정열의 꽃이다. 동백은 두 번 핀다. 송이째 선혈로 점점이 떨어진 동백꽃이 푹신한 땅 위에 수를 놓았다. 진초록 잎 위에서 한 번 피고 '후두둑' 떨어져 바닥에 또 한 번 피워낸다. 다섯 장의 붉은 꽃잎이 가장 아름답게 입을 여는 순간 송이째 '툭' 하고 속절없이 떨어진다. 아무런 미련 없이 스스로 단절하는 모습을 보고 떨어진 동백을 낙화落花라 않고 왜 절화折花라 하는지 알 것 같다.

봄의 어울림과 생명의 꿈틀거림이 숲속을 가득 메운다. 한 줄기 햇살도 비치지 않는 어둑한 동백 숲은 시간 저쪽을 거니는 기분이다. 간간이 불어오는 청량한 비딧바림은 세상 근심을 노소리 날려버릴 것만 같다. 하늘을 덮은 동백 숲길을 걷다보니 일주도로의 갈림길이 나온다. 어디로 갈까 잠시 망설인다. 동박새 모형의 이정표가 길을 안내한다. 이럴 때 이정표는 한 줄기 빛과 희망의 손짓으로 다가온다. 동박새와 동백꽃이 서로 돕고 살아가는 것 같아 흐뭇하다. 아랫길을 버리고 동박새 부리 방향을 따라 오른다.

이어 내리막 끝자락 바다 절벽과 맞닥뜨린다. '그대 발길 돌리는 곳'에서 사진 한 컷으로 흔적을 남긴다. 동백 숲 능선을 한참 돌아

섬 전체를 붉게 물들인 동백이
우리 민족의 서린 한을 대변해 주는 것일까.
수려한 풍광과 달리
쓰린 역사를 간직한 포진지를
돌아오는 발걸음이 무겁다.

정상으로 오른다. 동백나무를 감고 기어오르는 담쟁이 넝쿨과 땅에 떨어진 동백과 키 작은 야생화의 조화가 정겹다. 떨어진 꽃이 밟힐세라 징검징검 발을 옮긴다. 바닷바람에 볼이 찢긴 동백꽃이 나를 향해 해쓱하게 웃고 있다.

구름 한 점 없는 날이면 대마도까지 으슴푸레 보인다는 망루에 선다. 막힐 것 없는 광활한 바다에 일상에서 찌든 가슴을 활짝 풀어놓는다. 끝없이 넓은 바다에 서면 인간이 얼마나 작고 하찮은 존재인가를 깨닫는다. 때로는 별것 아닌 일에도 상처를 주고받으며 아파하지 않았던가. 부끄럽고 못난 허물은 던져버리고 넓은 바다와 아름다운 꽃의 품성을 닮으라 한다. 하늘과 바다와 바람이 어우러진 지심도의 훈계를 가슴에 담는다.

장엄한 바다 일출을 볼 수 있는 망루에서 한숨 돌리고 과거 일제의 흔적인 포진지로 향한다. 아틈느리 해송과 대숲을 지나 일본군의 군사시설인 포진지와 맞닥뜨린다. 지금도 옛 그대로 남아 아픈 역사를 품고 있는 곳이다. 물 빠진 연못 같은 동그란 구조물과 벙커로 지어진 탄약고와 다양한 시설들을 둘러보는 마음이 숙연하다. 이처럼 때 묻지 않은 섬에서 아픈 과거와 마주하는 일이 그리 유쾌하지만은 않다. 섬 전체를 붉게 물들인 동백이 우리 민족의 서린 한을 대변해 주는 것일까. 수려한 풍광과 달리 쓰린 역사를 간직한 포진지를 돌아오는 발걸음이 무겁다.

내려오는 길목 작은 카페 앞에 낙화한 동백으로 하트 모양을 만들어놓고 지나는 이들을 손짓한다. 땅바닥에 선혈로 낭자한 동백이 왠지 애잔해 보인다.

뱃길까지 따라나선 바람이 제발 꽃바람에 들뜨지 말고 내 속의 파도나 잠재우라 다그친다.

산나물

시골의 봄 풍경이 화사하게 펼쳐진다. 마을 뒤편 나지막한 산 언덕바지 아담히게 지은 하얀 집을 찾아간다. 약산 경사진 길을 단숨에 오르는 발걸음에 숨이 차다. 배불뚝이 장독들이 줄을 서서 반기는 모습도 살갑다. 앞마당에서 바라본 들판 보리밭은 푸르게 물결친다. 앞산 어디쯤에 뻐꾸기 울음이 들리고 보리밭에선 종달새가 후르르 솟아오를 것만 같다.

얼마 전 지인 S는 과수원이 있는 곳으로 이사를 갔다. 집들이 겸 가겠다고 하자 산나물 날 때 오라고 한다. 봄나물이 나올 무렵에 오라며 몇 번이나 다짐을 했다. 낯선 시골길이라 가까스로 찾은 마을 앞 정자나무 아래서 전화를 걸었다. 단숨에 달려 나온 그녀가 먼발치서 손짓으로 반긴다.

그녀는 과수원 일을 돌보면서 틈틈이 여행도 하고 몸소 농촌생활을 체득하며 살고 있다. 자연 속에 안겨 매사 열정적으로 살아가는 모습이 부럽기도 하다. "여기선 보고 듣고 사는 것 자체가 작품의 소재"라고 했더니 그녀가 웃으며 "그게 마음처럼 쉬운 게 아녀요." 한다. 겉으로 보이는 풍경에 취해 농촌생활의 힘든 일상을 짐작하지 못했다. 그녀의 웃음 속에 고단한 땀방울이 묻어나는 것을 느낄 수 있었다.

누가 먼저랄 것도 없이 우리는 부엌으로 들어가 눈과 손이 분주했다. 갖가지 산나물 반찬을 푸짐하게 준비해 놓았다. 툭 트인 마당 앞 차양 밑에 그녀의 넉넉한 손맛으로 어우러진 산나물 요리가 그득히 차려졌다. 두릅튀김과 산나물 무침 접시에 젓가락이 쉴 새 없이 들락거린다. 쑥 튀김은 진한 봄 향이 입안에 가득 퍼진다. 초고추장에 찍어 먹는 두릅의 상큼한 맛도 일품이다. 갖은 양념으로 무쳐낸 어린 오가피순 나물은 쌉쌀하여 입맛을 돋운다. 짭짤하고 아삭한 머위 장아찌도 빼놓을 수 없는 별미다.

"많이들 먹어요." 그녀의 푸근한 인정과 넉넉한 손맛이 웃음으로 전해온다. 점심 식사 후, 비닐봉지 하나씩 들고 뒷산에 오른다. 누렇게 마른 풀덤불을 헤집고 나온 새싹들이 파릇파릇 모습을 드러

가난했지만
꾸밈없이 맑고 순수하던 시절이다.
언니와 산나물을 찾아 헤맸던
추억 한 자락이 파랗게 되살아나는
봄날이다.

낸다. 겨우내 움츠리고 있던 새 생명들은 봄기운을 받아 힘차게 땅을 박차고 솟아나온다. 솜털이 보송보송한 머위 순과 고사리는 갓 난아기 손처럼 여리다. 갓 피어난 나뭇잎은 윤기가 흘러 봄 햇살에 눈이 부시게 반들거린다.

산나물을 찾아 헤매다가 마음속 깊은 곳에 접어둔 어릴 적 기억 한 올을 자아올린다. 여남은 살 적에 세 살 위인 언니를 따라 산나물을 캐러 다녔다. 언니는 성큼성큼 앞질러 가며 산나물을 잘도 찾아 캐었다. 취나물, 참나물, 삿갓나물, 엉겅퀴도 캐고 수리치, 다래 순도 꺾었다. 어쩌다 산더덕이나 도라지를 발견하면 횡재라도 만난 듯 좋아했다. 들로 산으로 한나절을 헤매다 캐 담은 언니의 나물바구니는 한가득인데 내 바구니는 겨우 바닥에 시들어 있었다. 배고프다고 칭얼대면 송구나무 껍질과 찔레 순을 꺾어주며 허기를 달래주었다. 그때는 너나없이 보릿고개를 넘기기 위해 산으로 들로 봄나물을 캐러 다녔다.

가난했지만 꾸밈없이 맑고 순수하던 시절이다. 언니와 산나물을 찾아 헤맸던 추억 한 자락이 파랗게 되살아나는 봄날이다.

대청마루

전통 가옥에서 대청마루만큼 쓸모가 알뜰한 공간도 따로 없었다. 푹푹 찌는 삼복더위 속 벼논에 김매기가 한창일 무렵이었다. 뒤꼍 먹감나무 왕매미 소리에 귀가 먹먹한 대낮이었다. 시아버님은 보리밥을 찬물에 말아 풋고추에 된장을 찍어 드신 후 대청마루에 목침을 베고 누우셨다. 아버님은 이내 코를 골며 오수에 드셨다. 시어머님도 옆에서 꾸벅꾸벅 졸고 앉았다가 마루 한 귀퉁이 차지하고 낮잠을 청하셨다.

대청마루는 안채 한가운데 있는 넓은 마루로 앞뒤가 트인 큰 마루다. 천장은 유달리 높아 상량上梁 글씨가 훤히 보이고 사람 키 두

배 정도는 넉넉히 되었다. 사철 내내 햇볕과 바람이 자유로이 드나들며 두 면이 열려 있어 집안 전후의 경치를 한눈에 볼 수 있다. 여름철엔 넓고 시원하여 휴식 공간으로 그보다 좋은 곳도 없었다.

시아버님은 동네 할아버지와 술상을 가운데 놓고 막걸리 잔을 기울이며 농사 이야기를 나누셨다. 시어머님과 이웃 아주머니들의 길쌈 품앗이 일터이기도 했다. 시동생은 한 무리의 꼬마들을 데리고 와서 숙제도 하고 해찰을 치다 가는 놀이터였다. 대청마루는 남녀노소 멀고 가까운 손님을 맞이하는 응접실이었다.

봄이면 기와지붕 추녀 끝에 제비가 집을 짓고 알을 낳아 새끼를 쳤다. 어미제비는 잠자리나 곤충들을 부지런히 물어다 새끼를 길렀다. 새끼들은 어미가 물어 온 먹이를 노란 주둥이를 벌려 받아먹는 모습이 사랑스러웠다. 마루 밑에는 누렁이가 강아지를 낳아 한 가로이 젖을 먹었다. 우리 가족은 그들과도 한 식구가 되어 정으로 보살피며 서로 교감을 나누었다. 창고가 따로 없던 시댁에선 추수를 하여 곡식과 호박 등을 쌓아두는 곳간으로도 사용되었다.

이듬해 가을, 시누이 결혼식 날이었다. 아침부터 내린 비는 온종일 장대같이 쏟아져 마당에서 혼례를 치를 수 없을 정도였다. 시부모님은 조바심으로 안절부절못하셨다. 이제나저제나 비가 그칠까 하늘 눈치를 살폈지만 늦은 오후가 되도록 그칠 기미가 보이지 않았다. 시아버님은 대청마루에 혼례청을 차리도록 지시하셨다.

넓은 대청마루는 혼례를 치르는 예식장이 되었다.

대청마루는 봉제사를 드리는 신성한 장소로 사용했음은 물론, 집안 대소사와 이웃 간에 스스럼없이 정을 나누는 소통의 공간이었다. 시어머님이 가족들의 평안을 빌고 치성을 드리는 곳도 대청마루였다. 시부모님이 돌아가신 상중에도 빈청이 차려졌으며 상식을 올리는 상청이 되었다. 큰일을 치른 뒤 집안 어른들은 막걸리상을 가운데 놓고 문중 대소사를 논의하는 회의장이기도 했다. 댓돌 위에 흰 고무신을 가지런히 벗어놓고 대청마루를 지나 큰방과 작은방, 건넌방으로 들어갈 수 있는 통로 역할도 한다. 집의 내부를 바깥과 연결시키는 완충 작용을 하는 곳이었다.

이웃과 정을 나누던 사교의 장이며 닫힌 내부에서 열린 바깥으로 향하는 자연 친화의 공간이었다. 일상적인 삶에서 신에게로 향하는 접신의 공간이었다. 화합과 소통, 대화와 교류, 훈육과 종교 역할을 골고루 했으며 한 가정에 있어 삶의 중심부나 다름없었다.

시집온 첫해 설날, 시어머님은 대청마루에 차례상을 차리고 사대 조상님의 제가 끝날 때까지 옆에서 지켜보게 하였다. 마룻바닥이 어찌나 춥고 차가운지 발이 얼어버릴 것 같아 눈물을 찔끔거렸.

여름이면 사방이 벽으로 막힌 아파트 생활에선 누릴 수 없는 대청마루가 생각난다. 모깃불에 옥수수, 감자가 익는 구수한 냄새와 반딧불이 군무가 어른거리는 그곳이 그리워진다.

끈

조그마한 택배 상자를 받았다. 며느리가 보낸 것이지만 어떤 물건이 들어 있을지 궁금해 설렌다.

황금색 포장지에 정성 들여 싼 상자에 분홍색 끈으로 곱게 묶어 보냈다. 얼른 꺼내보고 싶어 가위로 끈을 자르려다 손으로 조심스레 매듭을 풀었다. 겉포장을 뜯어보니 큰 상자 속에 또 하나 작은 상자가 있다. 작은 상자 안에는 시곗줄처럼 생긴 체인으로 된 게르마늄 팔찌가 들어 있다. 끈은 고이 접어 두었다가 이다음 누군가에게 선물을 보낼 적에 포장을 매는 예쁜 장식으로 사용해야지 싶다.

언젠가 아들 며느리 앞에서 외국여행을 다녀온 지인이 게르마늄 건강 팔찌를 싸게 샀다는 이야기를 했던 적이 있다. 허리수술을 한 이후로 허리와 어깨에 자주 통증을 느껴 하나 갖고 싶던 터였다. 고된 훈련을 하는 선수들도 근육통에 효과가 좋다며 목걸이나 팔찌를 착용하는 걸 들먹이기까지 했다. 잠자코 듣고 있던 며느리가 은근히 내비치는 속내를 눈치 채고 하나 구입해 보낸 것 같았다.

처음엔 디자인이나 색상과 함량이 다양하여 자칫하면 속을 수도 있다는 말에 선뜻 사기가 망설여져 사양했다. 막상 받고 보니 며느리의 고운 심성이 담긴 선물이라 고맙고 기특한 마음에 가슴이 후끈 달아올랐다. 선물 상자를 예쁜 끈으로 묶어 보낸 며느리의 정성이 가족이라는 애틋한 정으로 매듭진 끄나풀로 여겨진다.

인연의 끈들을 생각해본다. 부모, 가족, 스승, 친구, 이웃 등 이루 다 헤아릴 수 없이 나를 둘러싸고 있다. 인연의 끈은 괴로울 때나 힘들거나 좋고 궂은일이 있을 때, 내게 다성한 손길을 내밀어준다. 이제 부모님은 이 세상에 안 계시지만 삶의 굽이마다 단단히 붙들어 매는 동아줄로 남아 있다. 자식과 가족은 그 무엇으로도 끊을 수 없는 영혼의 핏속에 흐르는 실핏줄이다. 이들은 어떠한 상황에서도 나를 지켜주는 버팀목이며 든든한 울타리 같은 존재이다. 고단한 인생 항로를 떠다니다 만나는 등대이고 단단한 닻줄이다. 힘든 고비를 넘길 적마다 진심 어린 격려와 배려를 아끼지 않는 스승과 친구야말로 어둠을 밝히는 등대이다. 세상을 살아가는 가교

©조현출(사진작가)

인연의 끈들을 생각해본다.
부모, 가족, 스승, 친구, 이웃 등
이루 다 헤아릴 수 없이 나를 둘러싸고 있다.
인연의 끈은 괴로울 때나 힘들거나 좋고 궂은일이 있을 때,
내게 다정한 손길을 내밀어준다.

역할을 하는 인연의 밧줄이다.

오래전 일이다. 문득 한 편의 인생 드라마 같은 친척 동서의 삶이 생각난다. 아이를 낳지 못해 시댁으로부터 쫓겨날 처지였다. 하지만 그녀는 내로라하는 집 외동딸로 자랐다. 자식 사랑이 유별한 비교적 부유한 가문의 외며느리로 들어와 대기업에 다니는 남편과 시어른의 사랑을 넘치도록 받았다. 친척들은 모두들 부러워 축복의 박수를 보냈다. 그런 그녀였지만 남부러울 것 하나 없는 시집살이는 그리 오래가지 못했다. 해가 거듭할수록 자손이 귀한 집에 아이가 없으니 시어른의 기다림이 성화가 될 즈음, 불행히도 불임이라는 진단을 받게 되었다. 여인은 자신이 집안의 핏줄을 잇지 못하면 가문의 대가 끊어질 노릇이라 노심초사로 가슴 졸이는 나날을 보냈다.

결국 현대판 씨받이를 들이게 되고 두 여인 사이에 암투가 생겨 가정불화의 불씨로 번졌다. 아들을 낳은 여인에게 설 자리를 뺏긴 여인은 끝내 핏줄을 잇지 못한 설움을 안고 남편 곁을 떠나고 말았다. 누구도 끊을 수 없는 핏줄로 이어진 끈끈한 줄을 놓아버린 한을 시퍼렇게 토해냈다. 자식이라는 혈육의 끈을 붙들지 못해 아파하던 여인의 모습이 새삼 떠오른다.

가끔, 끈 하나에 목숨 줄을 의지한 채 고층 건물 외벽에 위태롭게 매달려 작업을 하는 사람을 보게 된다. 가장의 어깨에 매달린 가족이라는 애틋한 끈을 위해 오로지 밧줄 하나에 목숨을 담보한 그들 모습에 숙연해진다. 볼 때마다 아찔하고 정신이 번쩍 든다.

 아직도 나는 동네 놀이터에 방금 아이가 타다 두고 간, 빈 그넷줄처럼 흔들리며 살아간다. 그럴 적마다 거미줄처럼 연결된 인연들을 떠올리며 삶의 끈을 다잡아 묶는다.

유 혹

옆 차선에 트럭 한 대가 바짝 다가선다. 많은 차들이 신호에 따라 흐르는 오거리 신호대 앞에서 정지신호를 받고 기다리던 숭이다.

트럭 운전자가 무슨 할 말이 있는 듯 이해할 수 없는 손짓으로 차문을 내려 보라는 시늉을 한다. 길을 몰라 그러는가 하고 창문을 내리고 고개를 내밀었다. 중년의 남자 운전자는 높은 운전석에서 차 안을 살피더니 더욱 이해할 수 없는 말을 건넨다.

"대형마트에 생선을 납품하고 남은 생선 한 상자를 줄 테니 저쪽 갓길에 차를 대고 기다리세요."라며 손짓으로 방향을 가리킨다.

대뜸 내뱉은 운전자의 뜬금없는 행동에 무슨 정신 나간 사람인가 싶었다. 지나치는 말로 "예, 무슨 생선을요?" 하고 한마디 거들었다. 의아해하는 눈치를 알아챘는지 거듭 말을 걸어온다.

"부모 같은 분이라 생선 한 상자 드릴 터이니 갖고 가서 드시라고요." 옆자리에 앉은 남편을 보고 하는 말인 듯싶었다. 알아듣지 못하는 수화를 보는 것처럼 어리둥절했다. 혼자였으면 별 이상한 사람이라며 그냥 지나쳤을지도 모른다. 마침 추석도 얼마 남지 않았던 터라 생선장도 봐야겠기에 순간 호기심이 발동했다. '무슨 생선인지 한번 따라가 볼까…' 하고 주춤거리는데 신호가 바뀌어 트럭이 먼저 출발했다.

2차선을 달리다 다른 차들에 양보를 구하면서 천천히 차선을 바꾸어 갓길에 차를 세웠다. 이상한 일이다. 아무리 둘러봐도 그 트럭이 눈에 띄질 않는다. 조금 전 분명 이쪽을 가리켰는데 혹시 서로 길이 어긋난 건 아닐까. 비상등을 켜고 한참 머뭇거렸지만 깜깜무소식이다. 처음부터 좀 수상쩍다 했지만 별 희한한 사람이라는 생각이 들기 시작했다.

결국 트럭은 나타나지 않았고 그제야 사기꾼의 유혹에 걸려들 뻔했다는 생각이 얼핏 머리를 스쳤다. 단 몇 분, 잠깐 사이에 일어난 일이기는 하지만 기가 막혀 혼란스러웠다. 주변 사람들로부터 그와 유사한 수법으로 사기를 당했다는 이야기를 들어보긴 했어도 뒤통수를 한 대 얻어맞은 기분이었다. 어리석게도 '부모 같은 분' 운운하며 감성적으로 유혹하려 했던 줄도 모르고…. 그는 뭣 때문에 그런 수작을 걸었으며 왜 가버렸을까. 사기를 칠 대상을 잘못 택했거나 양심의 가책이라도 느꼈던 것일까. 조금 전 운전자가 한 행동이 황당하여 헛것을 본 것 같아 궁금증은 꼬리를 문다.

오래전, 시어머님은 제사장을 보러가셨다가 사기를 당한 적이 있다. 회갑기념으로 자식들이 마련해 드린 금비녀와 반지를 사기꾼의 유혹에 홀려 몽땅 털려버렸다. 시장 어귀에서 젊은 여자 둘이 땅에 떨어진 돈뭉치를 주워 서로 갖겠다며 다투는 걸 구경하고 있었다. 한참 실랑이를 하던 여자가 할머니와 셋이 나눠 갖자며 인적이 드문 곳으로 유인했다. 옥신각신 다투다 경찰을 불러 해결하자며 돈 뭉치를 잠시 보관하고 있어 달라고 했다. 할머니를 어떻게 믿고 큰돈을 맡길 수 있느냐, 사례는 갔다 와서 넉넉히 드릴 테니 금비녀와 반지를 증표로 돈뭉치와 바꿔 갖자고 홀렸다.

사례금을 준다는 말에 귀가 솔깃해진 시어머님은 금비녀와 바꿔 가진 돈 뭉치를 안고 해가 저물도록 기다렸다. 속은 이미 숯덩이처럼 까맣게 타들어갔다. 어둠의 공포에 떨다 뒤늦게 속았다는 걸 알아채고 그 자리에 주저앉아 혼절을 하셨다. 그 충격으로 시어머님은 한동안 속병으로 큰 병을 얻어 일어나지 못하셨다.

그때 시어머님은 모르는 사기꾼의 말을 믿지 않았어도 화를 면

했을 것이다. 지금 나도 순간적으로 마음속 어딘가에 허황된 욕심 한 자락이 숨어 있지 않았을까 싶다. 일면식도 없는 사람이 생선 한 상자를 주겠다는 터무니없는 꼼수에 홀렸던 것이다. 누군가의 유혹을 뿌리치지 못한 자신에게 속고 있었는지 모르겠다.

돌아오는 길목인 충혼탑 네거리서 좌회전 신호를 기다리던 중이었다. 멜론을 파는 청년이 자동차 사이를 분주하게 헤집고 다닌다. 아이 머리만 한 멜론이 두 개 만원이라며 현란한 말로 유혹을 한다. 맛을 보고 사라며 들이밀기까지 한다. 다른 때 같으면 샀을지 모른다. 눈길조차 주지 않고 모른 체했다. 허무맹랑한 입발림으로 달콤한 유혹에 걸려들 뻔했던 충격에서 헤어나지 못했기 때문이다.

하루 종일 온통 머릿속을 휘저어놓았다. 정신없이 돌아가는 세상에 사람 재는 눈치 한 수 늘었다고 생각해야겠다. 세상을 향해 반쯤 감겼던 눈이 조금 떠진 것 같아 그나마 다행이다.

가을 길목에서

아침저녁으로 스치는 바람결에 설익은 가을 기운이 묻어난다. 다가올 추석부터 사십여 년 가까이 모시던 차례와 기제사를 큰아들에게 넘겨주기로 했다. 젊은 시절부터 모셔오던 조상님 제사인지라 선뜻 건네주기가 망설여져 몇 해 동안 미뤄오던 터였다.

남편의 오랜 병시중을 들다보니 몸도 마음도 지쳐서 이제 더 이상 고집을 피울 일만도 아닌 것 같다. 곁에서 지켜보는 자식 입장에선 어미의 짐을 조금이나마 덜어 주고 싶었을 것이다. 여느 해 같으면 명절 차례상 준비로 한창 분주했을 때이다. 평생 어깨를 짓누르던 책무와 사슬에서 벗어나니 섭섭하지만 한편으론 홀가분한 마음도 없지 않았다. 한 집안의 세대교체로 뒷전으로 물러나 앉는 듯하여 허전한 마음에 밤잠을 설치기 일쑤였다.

몸은 더없이 편안한데 마음은 속 빈 강정처럼 바삭거려 한동안 시름시름 앓았다. 삶에 대한 의욕이나 어떤 감흥도 가질 수 없어 혼란스러웠다. 머리는 안개 속을 헤매고 어지럼증에 공황장애까지 왔다. 여태껏 쥐고 있던 것들을 온전히 놓지 못한 탓이다. 숨이 막혀 죽을 것 같은 고통에서 벗어나고 싶으나 현실은 발목을 놓아주질 않는다.

혼자만의 섬에 갇혀 표류할 때는 지푸라기라도 잡고 싶은 것이 사실이다. 누군가의 진심 어린 말 한마디가 약이 될 때가 있다. 명절을 쇠러온 자식들에게 위로받고 싶었던 게다. 바람에 날리는 풍선처럼 조금만 건드리면 터질 것 같은 불똥이 엉뚱하게 며느리에게 튀었다. 별것 아닌 일로 언짢은 내색을 하며 나무란 것이 화근이었다. 그들을 향한 그리움과 기다림에 지친 속내를 원망과 섭섭함으로 내뱉은 사려 깊지 못한 처사였다. 어른스럽지 못한 언행에 스스로 당황스러웠다. 서운했던 감정을 삭이지 못한 미련스런 어미라는 자책은 비수가 되어 괴롭혔다.

어찌하든 가슴 한켠에 쌓인 찌꺼기들을 다 흘려보내야 한다. 머리를 싸매고 여러 날 고민을 해도 현실의 틈바구니에서 벗어날 묘책이 떠오르지 않는다. 가슴이든 몸이든 훌쩍 떠나고 싶었다. 그

혼자만의 섬에 갇혀 표류할 때는
지푸라기라도 잡고 싶은 것이 사실이다.
누군가의 진심 어린 말 한마디가
약이 될 때가 있다.

래, 이참에 어디든 무작정 떠나야 한다. 시외버스에 올라 아무 생각 없이 멍하니 차창 밖만 내다본다. 얼마나 달렸을까. 터널을 지나고 있을 때다. 검게 변한 차창에 초췌한 얼굴을 한 할머니가 물끄러미 나를 쳐다보고 있다. 노랗게 물드는 초가을 풍경을 넋 놓고 바라본다. 고개를 돌리자 그녀도 따라서 외면한다. 그 모습을 쳐다보니 지금 내가 기댈 만한 곳이 자연밖에 또 있을까 싶다.

정류장에서 다시 버스를 갈아타고 산청 경호강을 지나 어느 소담한 시골마을에 닿는다. 사람은 보이지 않고 눈길 가는 곳마다 누렇게 익은 벼 이삭이 가을 햇살에 몸을 뒤척인다. 들녘은 지난여름 태풍이 몰고 온 비바람과 천둥번개, 타는 목마름을 이겨낸 결실로 넘실거린다. 가을 들녘은 숱하게 많은 것들이 스쳐가고 난 자리마다 실한 열매를 품었다. 곱게 물든 노을과 밤하늘에 영롱한 별빛과 환히 비추이던 달빛도 품었으리. 개구리 울음에 별을 헤이고 풀벌레 소리 자장가 삼아 몸을 키우지 않았던가. 땀방울을 먹고 자란 들판을 바라보는 농부의 투박한 손마디는 더 굵어졌을 터이다.

아, 가을이 익어가는 구수한 냄새, 상큼한 바람결과 뭉게구름…. 노랗게 물드는 가을을 온몸으로 끌어안는다. 이대로 시간이 멈추어도 좋을 것 같다. 머지않아 떠나려는 계절의 길목에 섰노라니, 문득 지나온 삶이 파노라마처럼 스쳐간다. 이제는 쥐고 있던 것들을 내려놓아야 할 때다. 귀한 보물처럼 내 속에 품었던 자식들마저

놓아야 한다. 좋고 궂은 숱한 일들을 겪고 나면 더러는 상처도 약이 되는 것을. 힘든 고통도 지나고 보면 가을 들녘처럼 향기로운 가슴으로 익어가지 않는가.

눈부신 봄 햇살과 뜨거운 태양을 잉태한 가을 들녘은 어디를 가나 인색함이 없다. 넉넉한 가을 들판에 서면 모든 것이 자비롭고 은혜로워진다. 갖은 고난을 견뎌낸 결실을 아낌없이 내주는 가을 들녘을 우러러 두 손을 모은다.

지금 나는 무엇을 찾아 어디로 흘러가고 있는가.

아버지의 어깨

 아침 산책을 하고 오는 길에 이웃 아파트를 지나던 중이었다. 다급한 구급차 소리에 놀란 사람들이 몰려와 웅성거리고 있었다. 그들 틈을 비집고 다가가 전후 사연을 듣고 가슴이 철렁했다.
 주위 사람들에게 기러기 아빠로 알려진 사십 대 남자가 스스로 세상과 결별하려 하였다. 그는 자녀와 아내를 유학 보낸 후, 잦은 술자리와 생활고에 우울증까지 앓았다고 한다. 이유야 어찌되었건 한 가정의 아버지로서 그의 무책임한 선택이 안타까웠다.
 글로벌시대의 물결에 휩쓸려 유행처럼 번진 조기유학이 이제는 웬만한 가정에까지 옮겨졌다. 의·식을 혼자 해결하며 외로움을 감내하는 아버지들이 많다. 아이와 아내를 떠나보낸 아버지들은 어딘지 모르게 풀기가 없고 지쳐 보인단다. 그들은 어깨가 휘게 유학 경비를 보내느라 회식 후, 구두끈을 매는 시간이 길어지고 집에 반겨줄 식솔이 없으니 늦어지기 일쑤다. 직원들이 눈치를 보게 되고 연민의 대상이 된다. 자녀에 대한 지나친 기대와 애정으로 인해 가정이 무너지는 것은 가슴 아픈 일이다.

서로 비견될 것은 아니나 가시고기의 부성애를 떠올린다. 텔레비전에서 본 녀석의 새끼에 대한 애정은 눈물겹다. 암컷이 알을 낳으면 부화에서 양육까지는 아비의 몫이다. 갓 깨어난 알들을 보호하고 온도 조절을 하기 위해 지느러미로 쉴 새 없이 부채질도 한다. 먹지도 않고 자지도 않으면서 둥지 앞에서 오직 새끼 보호에만 사력을 다한다. 주둥이와 지느러미는 너덜너덜 헐어지고 형체마저 조금씩 허물어져 숨을 헐떡이며 장엄한 최후를 맞는다. 죽어가면서도 부채질을 멈추지 않고 자신의 몸을 새끼들 먹이로 내놓는 그들의 생태에 숙연함을 느꼈다. 새끼들 중에도 수컷이 있어 아비의 숙명이 끝없이 이어질 것이다.

남편의 자상한 부정에 놀란 것은 아들이 고등학교 졸업 후 타지의 대학에 입학했을 때였다. 언제나 '사나이답게'를 외치며 대범한 모습만 보이던 아버지였다. 하숙방에 이불 보따리와 소지품을 들인 후 조심히 잘하라고 토닥이는 목소리가 축축이 젖어 있었다. 아들의 등을 '툭' 쳐주고 급히 고개를 돌리는 눈가에 얼핏 비치는 물기를 보았다. 휴대전화가 없던 때라 매일 아침 하숙집에 전화를 걸어 아들 목소리를 들은 후 출근을 할 정도였다.

아들이 어릴 적엔 장대한 아버지의 허리께를 겨우 넘기는 가냘픈 모습은 고목의 밑동에서 움터 나오는 새싹 같아 세대로 이어지는 삶의 장중함을 느꼈다. 차츰 아들의 등이 반석같이 넓어지면서 아버지는 더 이상 태산이 아닌 밋밋한 민둥산이 되었다. 아들이 아버지가 되면서 잃어버리는 것은 동심만이 아니다. 천진하던 어리광, 미풍에도 일렁일 감수성, 속내의 표출, 그런 것들은 가장이 됨으로써 순장되는 것이다. 그들은 슈퍼맨 흉내를 내야 하고 갑옷을 입은 장군처럼 속살을 드러낼 기회가 없는 남자일 뿐이다.

세상 아버지들이 내밀한 꿈은 가슴에 묻고 유약함도 감춰두고, 태산인 듯 울타리인 듯 의연한 것은 숙명적 관습 탓인가. 직장에서도 가정에서도 삶의 무게에 짓눌린 어깨가 버겁기만 하다. 그에 편승하여 가족들은 가장인 아버지가 지상의 모든 물줄기를 받아들이는 품 넓은 바다이기를 갈망한다. 그 막중함이 그들을 얼마나 쓸쓸하고 외롭게 하였을까.

시대의 흐름에 발맞춰 슈퍼우먼이 된 엄마들 입김이 드세어져 간다. 넘어질 듯 기우뚱거리는 아이의 걸음마가 어미의 눈에 위태로워 보이지만 아비의 눈에도 다르지 않다. 부성은 반짝거리는 모성애의 성 밖에서 늘 서성거린다. 그것은 무채색으로 덤덤하기 때문이다. 내색하지 않을 뿐 웅숭깊을 따름이다. 아버지에겐 어머니처럼 호들갑스럽진 않아도 깊은 강물과 같은 내면으로 흐르는 사랑이 있다.

　아버지의 어깨에 걸린 사랑은 아들에게 옮겨지고 세대는 이어진다.

그랭이질

아름다운 한옥의 조화로움과 만난다. 경북 봉화군 바래미마을 개암종택에는 우리나라 전통 건축기술인 그랭이 공법을 사용하여 세운 기둥을 만날 수 있다.

수백여 년 세월을 품어온 고택 구석구석을 조금만 눈여겨보면 전통 한옥에서만 느낄 수 있는 아름다움에 푹 빠져든다. 하늘을 향해 살짝 치켜든 기와지붕의 처마 곡선, 아기자기하게 짜 맞춘 문살, 선비들이 사모관대에 말을 타고 드나들 수 있는 솟을대문, 굽은 나무를 사용하여 문턱을 아래로 휘어지게 낮춘 것까지 이루 헤아릴 수 없을 정도다. 어느 한 부분도 우리 민족만이 가질 수 있는 멋과 여유를 살려 의미를 부여하지 않은 것이 없다. 전통 가옥에서 그랭이 공법이란 서로 다른 성질의 나무기둥과 주춧돌이 조화를 이뤄 안정적으로 오래도록 존속할 수 있도록 밀착시키는 기술을 말한다. 집을 지을 때, 이 그랭이질만은 누구나 하는 게 아니었다. 대목장 중에서도 도편수가 주로 이 일을 맡아서 했던 것이다. 빗물이나 흙, 먼지, 벌레 등이 틈새로 끼어들지 못하도록 정밀하고 정교한 솜씨를 필요로 하기 때문이다.

바닥이 판판한 돌만이 주춧돌이 되는 것은 아니다. 지금은 농촌 어디를 가나 대부분 벽돌로 지은 반듯한 양옥들이 많다. 간혹 남아 있는 옛 집들의 주춧돌을 보면 잘 다듬어진 것 같지 않을 뿐더러 판판하거나 똑같은 모양도 아니다. 주춧돌은 집을 짓기 위해 기둥을 세울 때 꼭 필요한 존재 중 하나이다. 고르지 못한 돌의 생긴 형상에 맞추어 나무기둥의 밑부분을 다듬어 그곳에 밀착시켜 그랭이질로 지은 집들을 간혹 볼 수 있다. 전혀 다른 성질의 돌과 나무를 짜 맞춰서 미적 효과는 물론 인공과 자연의 조화에 얼마나 많은 공력과 계산이 들었는가를 짐작하게 한다.

이는 우리만의 독특한 건축방식으로 사람과 자연이 잘 어울리도록 배려한 조상들의 지혜를 엿볼 수 있는 한 부분이다. 전통 가옥은 대개 자연에서 얻은 자재를 사용하여 자연과 인간이 함께 어우러져 숨 쉴 수 있는 생활공간으로 이루어졌다. 서까래나 기둥도 구불구불 휘어진 채로 사용하며 옹이와 무늬를 있는 그대로 쓰는 것도 이와 같음이다.

그랭이질은 부부관계에서도 꼭 필요하다고 본다. 죽고 못 살 것 같이 사랑하여 결혼한 부부도 신혼의 환상에서 깨어나면 서로 다름을 발견하게 된다. 잘 맞지 않는 부분이 눈에 띄게 되어 티격태격하게 마련이다. 각기 다른 환경에서 성장한 남녀가 한마음이 되어 오랜 세월 결혼생활을 유지하려면 상호 맞춰가는 양보와 아량이 있어야 한다. 존중과 배려, 믿음과 사랑의 지혜가 필요하다. 모나고 거친 부분은 깎아내고 다듬어 서로에게 잘 어울리는 주춧돌과 버팀목이 되어야 안락한 가정을 이룰 수 있다. 그렇지 않으면 불화의 씨앗은 언제든 주변에 도사리고 있기 마련이다.

예전 우리 부모님은 아버지는 주춧돌이 되고 어머니가 주로 나무기둥 노릇을 하였다. 바윗돌처럼 흔들림 없는 아버지의 완고함에 맞춰 어머니는 집안 살림 안팎을 두루 보살폈다. 가족을 위해서라면 살을 깎는 아픔도 마다않고 유연하게 그랭이질을 하면서 가정을 꾸려나갔다. 든든한 주춧돌과 튼튼한 기둥으로 지어진 가정이라는 울타리 안에서 가족들은 사랑과 믿음으로 안온한 행복을 누릴 수 있었다.

마음의 그랭이질이 필요할 때가 있다. 인생은 유연하게 흐르기보다 편협하고 옹졸할 때가 더 많은 것이 사실이다. 직장이나 단체에서도 네 탓 내 탓만 할 일이 아니다. 서로를 존중하고 맞춰가면서 융합하는 길이 바로 이 그랭이질에 달려 있지 않을까. 자신이 원하지 않아도 혹은 싫어도, 그 본질적인 요구에 맞추어가는 인내와 노력을 해야 할 때가 많기 때문이다.

상대를 위해 나를 깎아내는 아픔과 성찰, 높낮이를 맞추는 겸양의 덕을 쌓으므로 진정한 균형과 상생을 이룰 수 있을 것이다. 알록달록한 색다름을 인정하고 상대를 존중하며 아우를 수 있다면, 그랭이질을 잘할 줄 아는 사람이라 하겠다. 대다수가 추구하는 기본 요건에 어긋나면 어떤 집단이나 사회에서도 함께 살아가기 힘들지 않을까 싶다. 가정이나 직장, 남녀 사이 각종 인간관계도 마찬가지일 것이다.

수백 년 세월을 끄떡없이 버텨온 그랭이질로 세운 한옥의 멋스러움에 푹 빠져든다. 나부기둥과 주춧돌의 절묘한 조화에 선조들의 지혜로운 안목과 건축미를 생각한다.

part 3

두 바퀴 사랑

두 바퀴 사랑

흑백사진 한 장을 들여다본다.
가로세로 엄지손가락 길이만큼 작은 크기다. 허름한 자전거의 커다란 두 바퀴가 든든하고 충직해 보인다. 앳된 단발머리에 하얀 칼라와 검정색 교복 차림의 한 소녀가 자전거 위에 앉아 앞을 향해 막 출발하려는 모습이다.
중 삼 때였을 것이다. 선생님은 자전거 타는 걸 배워주겠다고 하셨다. 학교 운동장에서 교내 행사사진을 찍으러 온 기사의 자전거를 빌려 난생처음 자전거에 올랐다. 겁먹은 소녀의 표정과 달리 자전거 뒤쪽 짐칸을 꼭 붙들고 있는 젊은 선생님의 여유로운 모습이 담긴 사진이다. 소녀는 처음 타보는 자전거라 두렵고 부끄러웠다. 그 시절, 시골에서는 여자들이 자전거를 타고 다닌다는 건 상상도 못하던 때였다. 모자를 쓴 남학생이 신기한 듯 쳐다보던 모습도 요즘 보기 드문 광경이다.

 자전거를 타보는 첫 경험이었다. 핸들을 잡은 손이 부르르 떨리고 무서웠다. 시선을 먼 곳에 두고 페달을 저으며 중심을 잡으라고 했지만 말처럼 쉽지 않았다. 숨을 크게 한 번 내쉬고 조심스레 페달을 밟으니 자전거가 미끄러지듯 앞으로 나아갔다. 신기하면서 짜릿한 스릴이 느껴지기도 했다. 선생님은 자전거 뒤를 잡고 몇 발짝 따라오다 어느 순간 슬그머니 손을 놓아버리기를 거듭하였다. 번번이 몇 미터도 못 가서 옆으로 나뒹굴어 무릎에 피를 보고야 말았다.

 운명의 수레바퀴는 그때부터 굴러왔던 것일까. 훗날 신생님과 나는 자전거의 앞바퀴와 뒷바퀴처럼 나란히 인생길을 함께 걷게 되었다. 뒤에서 밀고 앞에서 저으며 넘어지면 다시 일어섰다.

 자전거가 달리는 길이 어디 넓고 평평한 초원과 포장된 도로만 있었던가. 울퉁불퉁 돌밭 길과 가시넝쿨 어우러진 험난한 산길이 기다리고 있을 줄은 그땐 미처 알 턱이 없었다. 두 바퀴를 굴리며 어느덧 너무 멀리까지 달려왔다. 바퀴에 바람이 빠지거나 체인이 느슨하면 기름을 치고 수리하여 예까지 온 것이 참 용키도 하다.

자전거 앞바퀴와 뒷바퀴가 서로 균형과 조화를 이뤄야만 잘 굴러가듯이 두 바퀴로 달려온 인생임에랴.

눈을 감고도 훤히 내다보이는 좁다란 오솔길이 펼쳐진다. 밀고 당기며 삐거덕거리면서 굴러온 두 바퀴 길을 돌아본다. 가파른 고갯마루를 오르기도 하고 순탄한 내리막을 신나게 달릴 때도 있었다. 서로의 짐이 되어 힘겨운 오르막을 달릴 때는 턱밑까지 숨이 차서 땅바닥에 주저앉기도 했다. 때론 풀꽃이 미소 짓는 호젓한 고샅길을 앞서거니 뒤서거니 콧노래 흥얼거리기도 했다.

지금까지 나는 그의 또 하나의 뒷바퀴였다. 어쩌면 자전거 뒤에 매달려 온 무거운 짐이었는지 모른다. 자갈밭 길 헤치며 달려오느라 얼마나 힘이 들었을까. 이제는 자전거에 그를 태우고 안간힘을 써보아도 나아갈 기미가 없어 안타깝다. 두 바퀴로 달려온 길을 떠올리며 빛바랜 사진을 가만히 들여다볼 뿐이다.

운명의 수레바퀴는
그때부터 굴러왔던 것일까.
훗날 선생님과 나는
자전거의 앞바퀴와 뒷바퀴처럼
나란히 인생길을 함께 걷게 되었다.
뒤에서 밀고 앞에서 저으며
넘어지면 다시 일어섰다.

아버지의 흰 무명 두루마기

 설날이 다가오면 쪽빛 누비 두루마기를 꺼내 손질을 한다. 명절에 친정 오라버니께 세배하러 갈 때 입고 가기 위해서이다.
 어느 날 홀로 계신 오라버니를 뵈러 갔을 때였다. 몇 해 전, 홀연히 저세상으로 떠난 올케언니가 남기고 간 누비 두루마기 한 벌을 꺼내 주셨다. 하얀 동정을 바꿔 달고 구겨진 주름을 펴다 보니 문득 아버지의 흰 두루마기 입은 모습이 아른거린다.
 40여 년 전, 읍내 장날이었다. 아버지는 두 말이 넘는 쌀자루를 등에 메고 두멧길과 신작로를 걸어 버스를 갈아타고 우리 집에 오셨다. 무명 자루에 든 쌀 포대를 마루턱에 털썩 내려놓고 '휴우' 긴 숨을 몰아쉬는 아버지에게 무턱대고 언짢은 내색을 했다. 기별도 없이 갑자기 오신 아버지가 반가우면서도 한편으로 속상하고 딱해 보였다.

아버지는 환갑이 넘도록 한평생 농사일만 전념하셨다. 한 해 동안 땀 흘려 가꾼 가을걷이를 끝내고 일손이 한가한 틈을 타서 오셨다. 손수 지은 햅쌀을 어린 손주들과 딸에게 먹이고 싶었던 것일까. 보고 싶으면 그냥 다녀가시지 무거운 쌀자루를 등에 메고 먼 길을 오신 터라 마음이 편치 않았다. 아버지 평생 당신의 어깨를 짓누르던 짐은 이 쌀자루보다 더 무거운 자식들이었을 것이다.

모처럼 아버지의 손을 잡아보고 싶었다. 여태껏 아버지라는 커다란 존재감 때문에 차마 가까이 다가서지 못하고 손 한 번 잡아본 기억이 없다. 단단하고 억세기가 나무껍질처럼 거칠다. 고된 농사일을 얼마나 하셨으면 굳은살이 옹이처럼 단단히 박혔다. 두 어깨에 가족을 짊어졌던 가장의 무게가 투박한 손을 통해 가슴 아프게 했다. 냉수 한 그릇을 단숨에 드신 다음 쌀자루에 매달린 보자기를 풀었다. 풀을 먹여 반듯하게 손질한 흰 무명 두루마기와 참깨 한 되도 같이 있었다. 어머니의 애틋한 마음까지 아버지 등짐에 얹혀 따라온 것이었다.

평소 아버지는 검정색 모직 두루마기보다 흰 무명 두루마기를 즐겨 입으셨다. 번쩍이거나 화려하지 않은 무명옷의 질감이 몸에 밴 듯, 장에 가시거나 손님을 맞을 때도 흰 무명 두루마기 차림이셨다. 두루마기는 당신 자신에 대한 예의와 가장으로서의 권위를 지키는 상징과도 같았던 의관이었다. 쌀자루를 메고 두루마기를 입을 수 없어 보자기에 싸서 매달고 오셨다. 돌아가실 때는 가벼운 마음으로 두루마기 자락을 펄럭이며 훨훨 나는 듯이 가시고 싶었던 것이었을까.

언젠가 어머니는 "아버지가 육회를 드시고 싶으면 너희 집에 가신다."고 했다. 평소 아버지는 육회와 생간을 즐겨 드셨기에 일부러 장날을 맞춰 오신 것이다. 그런 날이면 나는 선걸음으로 시장 푸줏간에 달려가 살코기와 육회, 막걸리 한 주전자를 사온다. 다른 때 같으면 손도 못 대던 것이지만 이날은 조금도 비위에 거슬리지 않았다. 육회와 간은 기름소금에 술안주로 내고 살코기는 국을 끓여 밥과 함께 점심상을 차린다. 얼굴에 맺힌 땀방울을 연신 훔치며 맛나게 드시는 모습을 옆에서 가만히 지켜보았다. 어느새 아버지는 은빛 머릿결과 고랑이 진 이마의 주름살이 훈장처럼 늙으셨다.

초등학교 수업을 마치고 돌아온 손주들과 장난을 치며 놀아주기도 하신다. 어질고 따뜻한 성품으로 정이 많아 아이들을 무척 좋아하셨다. 손주들에게 천 원짜리 몇 장 쥐어주고 한시름 놓으신 듯 흐뭇한 표정을 지으셨다. 아버지가 기뻐하는 모습을 보니 모처럼 효도를 한 것 같아 내 마음도 한결 가볍다. 늦가을 해는 노루 꼬리같이 짧아서 점심을 먹고 돌아서면 이내 꼬리를 내린다. 아흔이 넘은 할아버지와 집안 걱정이 되신 듯, 하룻밤 주무시고 가라는 만류에도 선뜻 두루마기를 걸치고 일어나셨다.

완고한 아버지가 못내 야속하고 서운하지만 어쩔 수 없었다. 큰길까지 따라 나선 내게 몇 번이나 하얀 소맷자락을 흔들어 들어가라 재촉하신다. 흰 무명 두루마기 자락을 날리며 성큼성큼 멀어지는 아버지의 뒷모습이 시야에서 아른거렸다. 구부러진 골목길을 지나 이제는 가셨거니 하고 돌아서려는데 머리 뒤통수가 찌릿해서 얼른 뒤돌아보았다. 저만치 길 모롱이에 가신 줄만 알았던 아버지가 하얀 두루마기 자락을 바람에 날리며 학처럼 서 계시지 않은가. 아버지! 하고 크게 불러보고 싶었지만 소리는 목구멍으로 기어들고 눈시울만 뜨거웠다. 아버지가 멀어질 때까지 손을 흔들며 흐릿한 눈으로 서 있었다.

이제는 아버지도 먼 길 떠나신 지 오래고, 친정 오라버니만 계신다. 명절에 아버지를 뵌 듯 누비 두루마기 입고 세배를 다녀와야겠다.

허물 벗기

늦가을 바람이 까칠하다. 열일 접어두고 옷장 정리를 시작했다. 미처 챙기지 못한 옷걸이에 걸려 있는 반소매 옷들이 선득해 보인다.

먼저 남편의 옷장부터 열어본다. 통 넓은 양복바지며 유행 지난 재킷, 어깨가 늘어진 니트, 한때 즐겨 입던 코트들이 어지러이 걸려 있다. 새파랗게 젊음이 빛나던 날 함께했던 추억 때문에 걸어두었던 것들이다. 만만찮게 값을 주고 샀기에 모셔둔 옷들이다. 조금만 손을 보거나 수선하면 그럴싸하게 소화해낼 것 같아 내치지 못했다. 한 시절 총애를 받던 것들이지만 생명이 빠져나간 영혼 없는 허물처럼 보인다.

옷장 한쪽 구석에 초라하게 비껴서 있는 감색 양복에 시선이 꽂힌다. 남편이 한창 나이 적에 입었던 새마을 옷이다. 양복 주머니 뚜껑부분이 닳아 해지고 바짓가랑이 끝단은 올이 풀려 허물어졌다. 군데군데 담뱃불에 덴 자국이 부스럼 딱지처럼 선명하다. 향기도 빛도 바래버린 소멸된 시간의 잔해 사이에서 잠시 서성거려 본다.

창원시가 처음 출범할 때였다. 우리나라 최초로 만든 계획도시로 호주의 캔버라시를 모방한 환경도시 건설이 한창이었다. 행정, 상업, 공업, 녹지, 주택지역을 구분하여 시가지를 조성하는 대역사가 시작되었다. 물려받은 가난에서 벗어나려 너도나도 새마을 깃발 아래 꿈이 부풀었다. 중장비로 산을 깎고 논밭과 마을을 갈아엎었다. 쾌적하고 살기 좋은 수부도시 건설 현장에 공무원이던 그도 새벽부터 밤늦도록 동분서주 뛰었다.

대대로 살아온 보금자리를 잃게 된 주민들은 보상금이 성에 차지 않는다며 거세게 저항했다. 급기야 곡괭이와 연장을 들고 관청을 점거하고 난동을 부리는 일이 잦았다. 그들을 설득하려 실랑이를 벌이다 보면 멱살을 잡히고 옷이 찢기는 때도 비일비재했다. 그 시절에 맞닥뜨렸던 수많은 애환들은 먼 훗날 잘 살아보려는 허물 벗기의 전환기였다.

ⓒ조현출(사진작가)

많이 버릴수록 삶은 가벼워지고
칸 나누기를 잘해야 주변정리가 명쾌해진다.
생각해보면 진정한 행복을 위해
우리에게 꼭 필요한 것은 얼마 되지 않았다.

남편은 집안일은 손끝 하나 까딱 않으면서 직장 일만은 맺고 끊음이 분명했다. 그만의 특유한 추진력으로 밀어붙이던 외골수였다. 두 어깨에 날개를 단 듯 의욕이 넘쳐날 때도 있었다. 낡은 구두 밑창을 갈아 신으면서 앞만 보고 달렸다. 그 무렵 전셋집에서 내 집 마련의 꿈을 이루어 허물 벗기를 하던 때였다. 새마을 운동을 상징하던 양복은 그때의 아릿한 추억이 고스란히 묻어 있던 옷이다.

남편은 퇴직 후, 얼마쯤 쉰다는 것이 긴 휴식으로 이어져 버렸다. 지금은 지루한 병마와 싸우며 안간힘을 쓰고 있는 중이다. 고운 이파리들 떨쳐 보내고 앙상하게 헐벗은 겨울 나목처럼 서늘한 그늘이 버겁기만 하다. 누에가 몸에서 실을 뽑아 고치를 만들듯, 부단한 몸짓으로 무지갯빛 꿈을 쫓던 젊음의 뒤안길을 회상하고 있는지도 모른다. 지난날의 어떤 감흥도 느끼지 못할 만큼 멀리 와 버린 건 아닌지 조바심이 난다. 갑자기 두 어깨에 힘이 빠진다. 혹한을 견디고 새 옷을 갈아입는 초목처럼 허물 벗기를 잘하여 활력을 되찾았으면 한다.

사는 일 또한 허물 벗기에 다름 아니라는 생각이 든다. 수없이 옷을 바꾸어 입으며 나를 복제시키고 살아도 허상일 뿐이었다. 화려한 날개인 줄 알았던 것도 시간의 환일 뿐, 세월이 지나면 그 또한 남루한 거스러미에 불과한 것을…. 내 안에 깊숙이 숨어 있는 실체는 끝내 빛을 보지 못하고 시들은 백합처럼 버려지지 않던가.

버릴 것은 버리고 입을 만한 옷들은 서랍장에 가지런히 개켜서 넣는다. 여름 한 철 헐렁하고 편해서 단물나게 입었던 티셔츠는 정리해고 대상이다. 낡은 속옷과 늘어난 양말도 주저 없이 비닐봉지에 던져 넣는다. 많이 버릴수록 삶은 가벼워지고 칸 나누기를 잘해야 주변정리가 명쾌해진다. 생각해보면 진정한 행복을 위해 우리에게 꼭 필요한 것은 얼마 되지 않았다.

한나절을 정리다보니 어수선하던 옷장도 가지런히 정리가 되어간다. 낡고 해졌어도 아직 남편의 체취가 고스란히 밴 양복들은 차마 버릴 수가 없다. 언제일지 모르지만 고단한 육신을 감싸줄지 몰라 고슬고슬 햇볕에 말려 다시 옷장에 걸어둔다.

남편의 엄마 되기

 경추수술을 한 남편이 병원 침상에 맥없이 널브러진 모습이 측은하다. 마취에서 깨어나자 "목이 마르다, 일으켜 달라, 간호사를 불러라"며 보채기 시작한다. 어둡고 긴 터널을 빠져나오려 애쓰는 모습을 지켜보는 마음도 무겁기는 마찬가지다. 병원검진을 완강히 거부해 차일피일 미뤄오던 중에 목 수술을 하게 되었다. 걸음걸이에 장애가 오고부터 치료를 했지만 병증은 이미 상당부분 진행된 상태였다.
 경추신경이 눌려 다리로 내려가는 신경에 이상이 생겼다고 한다. 목에 보조기를 착용하고 꼼짝을 못하니 하나에서 열까지 누워서 일을 처리할 수밖에 없다. 시중드는 것 역시 보통 어려운 일이 아니다. 잦은 배뇨 증상으로 시간마다 몸을 일으키려니 본인도 짜증스럽고 나도 여간 힘든 게 아니다. 한 손에 소변 통을 잡고 다른 손으로는 고개를 푹 수그린 그것을 잡는다. 신체 일부지만 처음엔 나 스스로 민망해서 선뜻 손이 가지 않았다. 본인 입장에서는 한 치의 자존심과 최소한의 인격마저 내동댕이쳐지는 상황이라 아무런 내색도 못 한다.

나이 들면 아기가 된다더니 맞는 말이다. 어린아이 대하듯 한다. 생로병사生老病死, 나고 사라짐이 삶의 일부이듯 어린아이와 노인이 크게 다르지 않다. 젊음도 나이 듦도 누구나 피해 갈 수 없는 것이 우리의 숙명이 아닌가. 그의 모습에서 미래의 거울에 비친 나를 보는 것 같아 짠하기도 하다.

같은 병실 보호자가 웃으며 말을 건넨다. "어린아이와 똑같아요. 점점 더 심해질 텐데 아들 하나 더 키운다 생각하세요."라며 위로한다. 늦둥이 하나 키운다 생각해야 마음이 편해진다고 한다. 여태껏 그의 그늘에서 벗어나 본 적이 없기에 농으로 듣고 지나쳤다.

그럭저럭 옆에서 부축을 하면 보행기를 잡고 겨우 일어설 정도가 되어서야 퇴원을 했다. 집에 오자마자 우선 샤워부터 시켰다. 헤어드라이로 머리를 말리려 거울 앞에 앉혔다. 두 사람 모습이 다른 사람을 보는 것처럼 낯설고 어색하다. 병원에서 지내는 동안 둘다 딴 사람으로 변해 버렸다. 흰 눈이 내려 검은 머리카락 하나 찾을 수 없는 그의 모습과 땀으로 범벅인 내 몰골이 초라해 눈길을 돌린다. 느닷없이 그가 내 손을 잡으며 멋쩍은 웃음을 짓는다. 고마움인지 미안함인지 알 수 없는 표정이다. 가슴이 뭉클하다. 그도 많이 힘들고 외로웠던가 보다. 기대고 싶고 위로받고 싶었던 것이다.

그는 자기 기분과 감정이 시키는 대로 무의식이 의식에 내리는 명령에 따라 휘둘렸던 것이다. 가장으로서의 권위와 자존을 지키려 마음에도 없는 심술을 부렸던 건 아니었을까. 그러니 사는 게 얼마나 고되고 버거웠겠는가. 투박하고 살갑지 못한 이면에 숨겨진 속내를 보는 듯해 코끝이 찡하다.

여태껏 내 유전자 속에 들어 있는 엄마의 기능을 남편에게는 전부 사용하면 안 되는 줄 알았다. 시고간의 성격과 가치관이 다르다는 것을 누누이 확인할 뿐 살아오느라 생성된 애증의 회오리에 휘둘렸다. 잠시 한 걸음 물러나 생각하면 내게도 잘못이 없었던 건 아니다. 그의 투정을 외면한 채 날을 세웠던 속 좁은 아내였다. 그를 보면 늘 안타깝고 화가 치밀었는데 이제는 참 가련하다는 생각이 든다.

요양보호사 교육원에 등록하여 자격증부터 따기로 했다. 우선 남편을 돌볼 수 있는 전문적인 지식이 있어야 서로가 힘이 덜할 것 같았다. 체력이 감당해낼 수 있을지 걱정이지만 그날로 두툼하고 묵직한 시험교재 한 권을 펼쳤다. 병간호를 하면서 책과 씨름을 했다. 교재 내용 중 환자의 심리상태를 공부하는 대목과 돌봄에 있어서는 이해하기 쉬웠다. 일상적으로 해오던 일로서 실습까지 겸할 수 있으니 시험 준비에 많은 도움이 되었다. 건강보험법과 법률적인 수칙을 소화하기는 다소 힘들어도 나름 열심히 하다 보니 해볼 만했다. 두 달 만에 요양보호사 자격증을 얻었다. 어설프지만 이론과 실습을 병행하면서 엄마노릇까지 할 수 있게 되었으니 얼마나 다행인가 싶었다.

놀랍게도 그의 엄마로 살 것을 결심한 후부터 나 자신으로부터도 한결 자유로워졌다. 세 살 먹은 아이라 생각하니, 억지를 부리고 신경질을 내도 관심받기 위한 순진한 모습으로 비춰진다. 짜증만 부리던 그도 조금씩 안정을 찾아가는 것 같아 다행스럽다. 상대를 변화시키려는 작은 기대마저 내려놓았을 때 비로소 상대도 변하는 것이다. 남편들은 아내에게 엄마의 역할까지 요구한다는 걸 이제야 알게 된 까닭이다.

내 인내심이 언제 바닥을 드러낼지 모르나, 엄마의 기능을 백분 발휘하여 그의 유일한 보호자가 되기로 한다.

서시오 가시오

신호등 앞에 서면 세상이 참 공평하다는 생각이 든다. 네거리 교자로에서 물 흐르듯 달리는 차들과 선녈복을 시나는 사람들을 물끄러미 바라본다. 신호에 따라 각자 목적지를 향해 유유히 흘러간다.

남편이 있는 요양병원까지 약 6킬로 구간 도로에 신호등을 삼십여 개나 거쳐야 한다. 시간에 쫓길 때는 가다 서다를 반복하는 일이 여간 답답한 게 아니다. 신호등은 모든 보행자와 운전자가 지켜야 하는 도로 위의 약속이다. 그 약속을 지키지 않으면 경고를 받거나 사고로 이어져 낭패를 당할 것이 뻔하다. 아무리 급한 일이 있어도 빨간 신호등 앞에선 누구든 멈춰 서야 한다. 노란불이 들어오면 설까 말까 망설이지 말고 미리 판단하고 행동해야 된다.

우리 삶도 가는 길목마다 멈추어야 할 수많은 신호등과 맞닥뜨리게 된다. 언젠가부터 내게 빨간 신호등이 켜졌다. 시간이 멈춰버린 듯, 한 발짝도 앞으로 나가지 못하고 있다. 지금 겪고 있는 시련은 내 생애 가장 빨간 경고등이 아닐까 싶다. 남편은 깊이를 알 수 없는 미지의 세상을 향해 망각의 강을 건너려 하고 있다. 자신이 어디에 사는 누구인지, 어떻게 살아왔는지 자고 나면 어제가 사라지는 천길 수렁으로 빠져든다. 가물거리는 기억을 더듬으며 생의 끝자락을 놓지 않으려 안간힘을 쓰고 있다.

남편은 날마다 여기가 어디냐, 우리 집이 어디냐, 당신은 누구냐며 똑같은 말을 묻고 또 묻는다. 기억을 찾으려고 안개 속을 헤매어도 깊이를 알 수 없는 늪에 빠져 허우적거린다. 나를 엄마라 부르기도 하고, 사무실에 나가야 된다고 억지를 부리기도 한다. 가족은 물론 자기 자신마저 잃어버릴 때가 많다. 정신이 돌아오는 날은 고맙고 미안하다며 초점 없는 눈자위가 붉게 물이 든다. 그를 바라보는 마음은 천길 나락으로 무너져 내린다.

집에 가고 싶다고 보채는 그를 조금만 있으면 갈 수 있다고 아이 달래듯 한다. 안심한 듯 눈동자가 스르르 풀리면 살그머니 병원을 나선다. 뒤따라오는 그의 숨결이 옷자락을 붙들어도 모른 척 도망

눈앞을 가로막는 시련과 고난의 빨간불 앞에서
가던 길을 당장 포기하려 했던 적은 없는지 돌아본다.
살아가면서 맞닥뜨리는 앞을 가로막는 안개 속도,
혹은 빨간불이 켜져 있을지라도 뒤돌아서거나 절망하지 말 일이다.
언젠가는 안개가 걷힐 테고 서시오 불이 가시오로 바뀔 것이다.

쳐 나온다. 어린아이를 강가에 두고 온 어미 심정이 된다. 속상한 마음을 안고 돌아오는 날은 희미한 신호등이 눈앞에 아른거려 무심결에 지나치기도 한다.

아무리 가슴 아픈 슬픔도 시간의 흐름 앞에 희석되기 마련인가. 자주 가다 보니 서먹하던 병원도 일상처럼 되었다. 길목마다 촘촘한 신호등을 손바닥 들여다보듯 훤히 꿰고 있다. 매일 얼굴 마주하는 간호사와 요양보호사, 병실 환자와 가족 모두 살가운 이웃으로 다가온다. 이제 '서시오 가시오' 등은 내 삶의 과속운전에 제동을 걸어 안전운행을 하는 신호등이 되었다. 빨간불 앞에서는 잠시 멈춰서 앞뒤 차들의 흐름과 주위를 살피게 된다. 철따라 모습을 바꾸는 가로수에 눈길을 주는 여유도 생겼다.

사람의 길도 항상 파란불만 켜질 수만은 없지 않은가. 빨간불일 때는 잠시 멈췄다 파란불로 바뀌면 다시 흘러가면 되는 걸 안달만 하고 살았다. 서두른다고 신호가 바뀌지 않듯이 애만 태운다고 달라지는 것도 아니었다. 여태껏 왜 그리 조급증을 내며 달렸는지 모르겠다. 가는 길에 언제나 잘 닦여진 도로에 파란 신호등만 받으며 걷는 사람이 어디 있을까.

눈앞을 가로막는 시련과 고난의 빨간불 앞에서 가던 길을 당장 포기하려 했던 적은 없는지 돌아본다. 살아가면서 맞닥뜨리는 앞을 가로막는 안개 속도, 혹은 빨간불이 켜져 있을지라도 뒤돌아서거나 절망하지 말 일이다. 언젠가는 안개가 걷힐 테고 서시오 불이 가시오로 바뀔 것이다. 잠시 멈춰 숨고르기 하다 파란불이 켜지면 앞으로 계속 나아가면 될 것 아닌가. 숨 가쁘게 달리다, 쉬다 가다를 반복하는 빨간불과 파란불의 조화로 살아가야 하리라.

우리 삶도 분명 가야 할 때가 있고 멈춰야 할 때가 있다.

평범 속에 기적

　복도에 들어서자 평상시와 달리 병실 분위기가 무겁다. 옆 침상이 말끔하게 정리되어 있는 걸 보니 밤새 또 한 분이 세상을 뜨셨나보다. 어제 산소 호흡기 너머로 거친 숨을 몰아쉬면서 나와 눈이 마주쳤다. 처연하고 애잔한 그의 눈빛에서 못다 한 수천 마디 말을 읽을 수 있었다. 하고 싶은 말이 있는 것 같기도 하고 누구를 기다리는지 두려움이 역력했다.
　"많이 힘드시죠? 기운 내세요."
　대답은 없었지만 움푹 들어간 눈동자가 파르르 흔들렸다.
　남편이 입원한 요양병원을 매일 찾는다. 중환자실 병동을 자주 드나들다 보니 몇몇 분들의 임종을 가까이서 지켜보게 된다. 지난 밤에 먼 길 떠나신 분도 젊은 나이에 당한 교통사고로 17년 동안 요양병원에서 지내던 분이다. 가족 중에 가끔 찾아오는 누님 한 분 밖에 본 적이 없는 것 같았다. 마지막 가시는 길이 얼마나 외롭고 힘드셨을까. 생전 모습이 어른거려 다리에 힘이 빠지고 한기마저 몰려온다.

중환자실에는 주로 노쇠하여 병세가 위중한 분들이 대부분이다. 밤새 무슨 일이 일어날지 내일을 기약할 수 없는 환자들이라 항상 마음 졸이며 지켜보게 된다. 물을 마시거나 식사 중에도 사레에 걸려 숨이 막히는 돌발적인 사태가 종종 발생한다. 그럴 때는 간호사들이 재빨리 달려와 응급 처치로 위급한 상황을 넘긴다. 가족과 병원 종사자들까지 잠시도 긴장의 끈을 늦출 수 없는 일들이 비일비재로 일어난다.

같은 병실에 계시는 분들과는 자연스레 인사도 하고 간단한 이야기를 나눈다. 대부분 오랫동안 단절된 사회활동은 물론 가족과 장기간 떨어져 지내다 보니 치매를 앓는 분들이 많다. 물이 먹고 싶다거나, 베개를 고여 달라거나 침대를 조금 올려주면 좋겠다는 등, 어린아이처럼 천진스런 눈짓을 보내온다. 사그라지는 불꽃처럼 어렴풋한 기억 속에도 가족을 기다리는 애틋한 눈빛이 가슴을 아리게 한다.

언제부턴가 남편에게 이상 징후가 나타나기 시작했다. 자신이 했던 일을 잊어버리고 반복한다거나 산책을 나갔다 돌아오는 길을 잃어버리기도 했다. 단어가 생각나지 않아 의사소통이 어려워져 자신의 일부까지 희미해지기 시작했다. 그로 인해 주변과의 관계가 단절되고 본인의 정체성마저 잃어버렸다. 아무리 인간은 망각의 동물이라 하지만 기억해야 할 것마저 지워진다면 슬픈 일이 아닐 수 없다. 기억은 때로 삶이 무거울 때는 살아갈 용기를 주고, 사랑하는 가족은 자신을 버티게 하는 힘이 되기도 한다.

남편은 본인 의지로 발가락 하나 움직이지 못한다. 호흡기에 의지해 숨을 쉬고 콧줄을 연결해 유동식을 먹고 링거와 소변 줄을 달고 있다. 현재 상태로서는 기적이 일어나지 않는 한 걸어서 집에 돌아가긴 힘들 것 같다는 의사의 소견이다.

어느 날 가만히 남편에게 물어보았다.

"만약 지금 당장 하고 싶은 일이 있다면 어떤 게 제일 하고 싶으세요?"

했더니 "두 다리로 걸어서 집에 가는 것이 소원."이라 한다. 그리고 찬물 한 그릇 벌컥벌컥 마셔봤으면 좋겠다고 한다. 본인 의지로 발걸음을 옮겨본 지도 오래지만 병상에 누워 지내는 일도 지쳤을 터이다. 가족과 함께 지내던 집이 오죽 절실했으면 저럴까 싶어 순간 가슴이 먹먹해졌다.

새삼 하루하루 일상적인 삶을 사는 것이 큰 축복임을 느꼈다. 사랑하는 가족과 마주할 수 있는 평범한 일상들이 얼마나 감사한 일인지 모른다. 지금 내가 누리고 사는 것들이 이루 다 헤아릴 수 없이 많지 않은가. 두 발로 걸어서 어디든 갈 수 있고 하루 세끼 밥 먹으며 마음껏 마실 수 있는 물과 공기의 고마움조차 잊고 살았다. 큰 탈 없이 살아 숨 쉴 수 있는 소중함을 모르고 지나온 건 아닐까.

생활 속에서 늘 그것을 느끼며 살아가기는 어려웠다. 평범한 것들 속에 보이지 않는 기적 같은 삶이 있다는 것을···.

막대기와 지팡이

잠결에 또각또각 지팡이 소리를 듣고 그의 동선을 짐작한다. 남편은 지팡이 하나에 무거운 몸을 의지한 채 힘겨운 발걸음을 옮긴다.

갑작스레 들이닥친 병마는 그에게서 많은 것을 빼앗아 갔다. 경추신경에 이상이 오고, 수술 후 보행이 불편한 지 몇 해가 지났다. 육체적 장애로 인한 정신적 충격에서 헤어나지 못했다. 대인 기피증에 공황장애까지 앓아 바깥 생활을 접고 칩거 중이다. 의자에 앉거나 일어설 때, 멀리 있는 물건을 끌어오고 잡을 때도 지팡이에 의지한다. 금방이라도 넘어질 듯 불안해 손을 잡아주면 뿌리치기 일쑤다. 나의 부축이 지팡이만큼 여의치 않은 눈치다. 이제 지팡이는 그에게 유일한 수족이자 자신을 지탱하는 소중한 버팀목이다.

이른 새벽 남편과 걸었던 천변 산책길로 들어선다. 산을 오르거나 험한 길이 아니어도 허리 부상이 있고부터 지팡이를 짚으면 훨씬 수월하다. 어쩌다 잊고 나갈 때는 길가에 버려진 막대기를 찾아 두리번거린다. 산책을 할 때 지팡이를 휴대하는 것은 몸의 중심을 잡아주는 버팀목 역할도 하지만 든든한 길동무가 되기 때문이다.

인적이 드문 새벽이라 혹시 위험한 물체가 나타날지 모르는 일이기도 하다. 어둑한 길을 무심코 걷다 보면 길고양이나 야행성 동물이 별안간 불쑥 튀어나와 앞을 가로질러 달아난다. 그럴 때는 소스라칠 정도로 놀라 지팡이로 바닥을 '탁탁' 두드리며 걷는다. 돌발적인 위기 상황이 발생하면 지팡이는 나를 지켜주는 도구로 큰 위안이 된다.

어릴 적, 농촌의 그믐밤은 칠흑같이 깜깜했다. 어른들은 장에 갔다 밤늦게 재를 넘어 걸어올 때는 큼직한 막대기를 들고 다녔다. 버려진 막대기라도 지니고 있으면 훨씬 마음이 놓인다고 하셨다. 이때 막대기는 사람 한 명의 몫까지 너끈히 할 수 있는 물건 이상의 가치를 갖는다. 산짐승이나 뜻밖의 일과 맞닥뜨렸을 때 위기를 모면할 수 있는 더없이 좋은 역할을 하기 때문이다. 호신용은 물론

막대기의 역할이 다양하듯
글쓰기가 어디 자신만을 위한 것이던가.
누군가의 고단한 삶에
막대기로 다가가 지팡이가 될 수 있다면
더없이 좋을 것이다.

길동무 노릇까지 해주니 얼마나 든든할 것인가.

막대기는 그 용도에 따라 다양하게 사용할 수 있는 물건이다. 쓸모없이 버려진 막대기는 거동이 불편한 노인이나 신체 일부가 부자유스런 사람에게는 더할 나위 없이 요긴한 도구로서의 역할을 한다. 갑자기 계획에도 없던 산행을 한다거나, 지팡이가 필요한 사람이 주위를 두리번거리다 적당한 막대기를 발견하면 그것은 훌륭한 지팡이가 된다.

필요에 의해 눈여겨보지 않으면 그냥 지나칠 수도 있는 요긴한 막대기를 우연히 주웠기에 만족감이나 희열은 한층 더 클 수밖에 없다. 하지만 지팡이의 필요성이 그다지 없는 사람에게 막대기는 쓸모없이 버려진 나무토막일 뿐이다. 그것의 용도에 별반 관심이 없는 사람이나 지팡이와 막대기의 연관성을 모르는 이에게는 한낱 작대기로 굴러 있게 마련이다.

무엇보다 중요한 것은 적당한 막대기를 만나는 순간 '아! 이걸 지팡이로 쓰면 안성맞춤이겠구나' 하고 탄성을 지르는 경우일 것이다. 이럴 때 막대기는 둘도 없는 친구요, 보물과도 같은 존재 이상의 가치를 지닌다. 꼭 매끈하게 잘 다듬어진 상품만이 지팡이의 기능을 다하는 것은 아니다. 그것을 아는 눈이야말로 깨어 있음의 경지가 아닐까.

글쓰기도 이와 다르지 않다는 생각을 해본다. 주제를 지팡이에 소재를 막대기에 견주어 본다. 아무도 눈여겨보지 않고 그저 무심히 흘려버릴 수 있는 소재를 절묘하게 포착하는 안목을 가진 것과 마찬가지이다. 막대기의 역할이 다양하듯 글쓰기가 어디 자신만을 위한 것이던가. 누군가의 고단한 삶에 막대기로 다가가 지팡이가 될 수 있다면 더없이 좋을 것이다.

무심히 지나칠 수 있는 사건이나 사물, 자칫 흘러가버릴 감동의 순간들을 놓치지 않으려 한다. 기억해 두고 싶은 장면들이나 누군가에게 토설해야만 살 것 같은 숨겨진 사연 등이다. 글쓰기라는 지팡이에 의지해 따스한 눈으로 세상을 바라보려 한다. 늘 막대기를 찾아 지팡이를 삼으려 세상 언저리를 서성거린다.

이른 새벽 남편이 지팡이로 '땅땅' 두드리는 소리에 잠이 깬다. 그와 나는 서로를 지탱하는 막대기와 지팡이다.

경계 사이

　남편이 입원 중인 요양병원 점심식사 시간에 맞춰 가는 것이 일상처럼 되었다. 요양병원 6층 병동은 중증 환자들이 대부분이다. 본인 스스로 할 수 있는 능력이 없으므로 요양보호사나 간호사, 가족 중 누군가의 도움이 필요하다. 숨쉬기와 배설마저도 의료기나 사람의 손을 빌려야 하니 본인 의지로 할 수 있는 것이 아무것도 없다.
　바로 옆 침상의 환자분이 막 운명을 하였지만 장례식장으로 운구하는 시간이 지체되었다. 침상과 침상 사이는 한 사람이 겨우 들락거릴 정도라 눈앞에서 일어나는 모든 과정을 지켜볼 수밖에 없다. 사람들은 마치 아무 일도 일어나지 않은 것처럼 바로 옆에서 식사를 하고 일상적인 이야기를 나누기도 한다. 죽은 자와 산 자의 경계에서 너무나 당연한 일처럼 여기는 무덤덤한 분위기가 낯설다. 그런 광경을 목격하면 마치 내 일인 듯 목이 메어 울컥한다. 한동안 걷잡을 수 없는 공허한 마음이 되어 밤잠을 설치기 일쑤이다.

이곳에 누워 있는 많은 환자들도 한때는 건강한 삶의 영역을 활기차게 살아왔을 것이다. 지난날 저마다 세상과 가정의 중심에서 큰 포부를 꿈꾸며 밤낮을 고뇌하였을 터이다. 지금은 건너가면 다시 돌아올 수 없는 깊은 강 언저리에서 사경을 헤매고 있다. 빛과 어둠의 경계, 삶과 죽음이라는 경계 사이에서 그들은 지금 무엇을 생각하고 있을까. 지나간 날들을 회상하고 있을까. 아니면 자신을 향해 시시각각 다가오는 검은 그림자와 지루한 타협을 하고 있을지도 모른다.

수많은 관管으로 연결된 줄에 의지해 겨우 호흡과 맥박을 유지하며 깊은 잠에 빠져 있거나 깨어 있어도 영혼 없이 허공만 바라볼 뿐이다. 인공호흡기 튜브에 의지해 잠든 남편의 얼굴 위로 탯줄에 연결되어 있는 평화로운 태아의 모습이 스친다. 삶과 죽음의 경계 사이가 종이 한 장 차이 같다는 생각을 떨칠 수가 없다. 사람이 나고 죽고 산다는 것은 무엇일까. 병실에 드나들 때마다 수없이 떠오르는 화두지만 아직도 명쾌한 답을 찾지 못한다.

점심식사로 술렁이던 시간이 지나고 나면 기저귀며 소변주머니를 비우고 뒷정리까지 끝나면 환자들은 포만감으로 나른해진다. 평온히 눈을 감고 있는 그들 모습을 물끄러미 바라본다. 이내 상념에 사로잡히고 만다. 머릿속은 온통 한 번 건너가면 돌아올 수 없는 죽음의 강, 그 깊고 검은 물결만이 넘실대는 환상에 빠져든다. 도도하게 흐르는 강가에 위태롭게 서 있는 그들이 점점 강물 깊은 곳으로 빨려 들어갈 것만 같다. 남편의 얕은 숨결 위로 검푸른 물살이 몰려와 금방이라도 덮어버릴 것 같은 불안에 휩싸인다.

때로는 보호자로서 나약한 존재인 내가 어찌할 수 없는 한계를 느낄 때는 안타깝기도 하다. 환자와 의사 사이, 간호사와 환자 사이, 요양보호사와 환자, 그 경계 사이에 가족들의 책무가 주어진다. 병원 종사자와 환자, 그늘 사이의 경계에 서 있는 어성성한 관계이다. 그 경계에서 바라본 이곳 세계는 어쩌면 치열한 전쟁터와 같다. 겉으로는 잠잠해 보이지만 눈에 보이는 것들과 분명 보이지 않는 무언가의 경계 사이에서 힘겨루기하며 싸우고 있다. 갑작스럽게 오는 사고나 질병으로 인해 사는 것과 죽는 것의 경계가 희미해 질 때가 많다. 삶과 죽음의 경계, 그 어우름에 항상 우리의 치열한 일상은 존재하고 있지 않은가.

요즘 가장 가까이서 삶과 죽음을 지켜본 시간들로 인해 여러 가지 생각들과 마주하게 된다. 두렵고 낯선 풍경을 대하면서 막연하지만 내 죽음의 순간을 가끔 떠올려 본다. 산소 호흡기를 통한 남편의 숨소리에 귀를 대어본다. 미약하게 이어지다 가늘게 사라지는 움직임이 느껴진다.

  한집에서 마주하는 동안에는 영원할 것 같던 허상에 취해 그리움의 경계를 늘이지 못했다. 남편의 부재가 주는 적막한 시간의 틈 사이로 애틋한 연민이 가지를 뻗고 뿌리를 내린다. 사람과 사람 사이, 부모와 자식 사이, 남자와 여자 사이, 냉정과 열정 사이, 그 경계를 넘나들며 살아간다.

  세상사 돌부리에 걸려 넘어지고 부딪치다 보니 그런 이치를 조금씩 터득하게 되는 것 같다.

마지막 집 遺宅

집을 보러 간다. 현세에서 살 집이 아닌 내세의 집을 마련하기 위해 찾은 곳이다. 이 세상에 존재했던 흔적이자 영원히 삼들 처소를 미리 점찍어 두기 위해서이다. 고향 선산으로 갈 것이라 여겼지만 가족들 논의에 따라 가까운 공원묘원을 알아보던 중이다.

머리끝이 서늘하다. 스산한 겨울바람이 옷깃을 파고든다. 산굽이를 돌고 돌아 도착한 그곳 풍경에 할 말을 잃는다. 산등성이와 골짜기 산발치서 꼭대기까지, 계단식으로 조성된 이승 저편 동네를 보고 다리가 휘청거린다. 빼곡히 들어찬 수천수만의 무덤들이 생소하고 낯설어 풀썩 주저앉을 것 같다. 여기가 저세상 사람들이 사는 곳이란 말인가.

여태껏 티브이에서 국경일이나 국가 행사 때, 잘 관리된 국립묘지만 봐왔던 터라 놀라움은 더했다. 난생처음, 그토록 수많은 죽음의 집을 가까이 본 적이 없기에 순간 엄습하는 충격에 당황스러웠다. 신체 어디 한 곳에서 금방이라도 물풍선이 터질 것만 같아 꿀꺽 삼켜 내린다. 다가올 나의 미래를 보는 듯 아찔하다. 간혹 선산에 갔을 때, 장차 '내가 묻힐 장소가 여기 어디쯤일까' 하고 눈여겨보던 때와는 전혀 다른 감정이다.

같이 간 아들 내외가 눈치 챌까봐 애써 태연한 척하지만 이미 넋이 나간 그림자로 걷고 있다. 화장실부터 찾는다. 벽거울에 비춰진 모습이 슬픔과 두려움으로 일그러져 낯선 사람 같다. 마음을 가다듬고 관리소에 들러 용건을 말했더니 안내를 해주겠다고 한다. 직원의 차에 타고 우리가 생각하던 규모의 유택遺宅부터 보기로 한다.

사방이 온통 무덤으로 둘러싸인 산중턱을 한참 돌아 비어 있는 유택을 찾아간다. 수많은 주검들은 어떤 연유로 이곳에 고이 잠들어 있는 것일까. 삶과 죽음이 멀리 있지 않다. 나 또한 이들 앞에 한없이 작아지고 나약한 존재가 아닌가. 저마다 이 세상에 왔던 존재의 흔적들을 싸늘한 비석에 새겨놓은 걸 보니 숙연한 마음뿐이다.

시린 햇살 한 점 없는 산중에 찬바람을 안고 떠도는 혼령들의 울음이 들릴 듯 환청으로 가득하다. 간간이 정적을 가르는 까마귀 울음마저 소름이 끼친다. 온갖 형상을 한 혼령들이 뒤엉켜 주위를 떠다니는 것 같아 뒤를 돌아본다. 불현듯 누군가 내 뒷덜미를 낚아챌 것 같은 환영이 어른거려 식은땀이 난다.

안내인은 여러 형태의 유택들을 보여주며 차분하게 안내를 한다. 현장에 와서 보니 시대의 흐름에 따라서 장묘문화도 변한다는 것을 알 것 같다. 매장에서 평장, 수목장, 가족묘, 납골묘 등 다양한 형태의 장묘문화를 한눈에 볼 수 있다. 비교적 좋은 위치에 넓은 평수와 고급스런 매장묘와 가족묘도 눈에 띈다. 반면 작은 평수에 다닥다닥 붙어서 비석 하나만 소박하게 세워놓은 묘는 어쩐지 초라해 보인다.

땅값도 웬만한 도회지 땅값에 버금갈 정도이다. 위치와 평수에 따라 제각각이다. 살아 있는 자들이 스스로 위로받기 위해 만든 것인지 다음 생을 살아보지 않았으니 알 수가 없다. 세상 모든 종교들도 전생과 내세를 설파하였으니 그럴 것이라 믿고 싶을 뿐이다. 사후에 넓고 좋은 집에서 호화롭게 잘 살 수 있다면 누군들 조상의 유택 마련에 소홀히 할까.

현재를 살고 있음에 감사하며 지금 이 순간 최선을 다해 부끄럽지 않은 삶을 산다면 저승에서도 잘 살지 않을까 싶다. 누군들 사연 없는 이가 있을까만 생각만으로도 가슴이 먹먹하다. 죽음이 언젠가 맞이할 삶의 완성이라면 석양에 물든 노을처럼 곱게 살다가 먼 별나라로 돌아가야 하리라.

선뜻 돌아서지 못해 새로 조성 중인 한 곳만 더 보기로 한다. 전망도 좋고 도로와 주차장이 넓어 그나마 괜찮아 보인다. 하지만 아무래도 결정을 내릴 수가 없다. 현실과 너무나 먼 세상 같아 어느 한 곳도 내키지 않는다. 다른 세상에 온 듯 막막한 마음은 허공을 맴돌 뿐이다. 돌아서는 발걸음이 천근만근 무겁다. 스멀스멀 밀려오는 산그늘이 새치름한 날씨만큼 음산하다.

때마침 발길을 돌리려는데 저만치 작은 비석 앞에 한 사내가 엎드려 울고 있다. 연신 절을 하며 차가운 바닥에 얼굴을 묻고 일어날 줄을 모른다. 떠난 자는 말이 없는데 비통에 몸부림치며 울부짖는 남자의 등이 섧게만 보인다. 언젠가 닥쳐올 내 모습을 보는 것 같아 얼른 고개를 돌린다. 허공에 걸린 희미한 낮달이 병석에 누운 남편 얼굴과 겹쳐진다.

누워서 먹는 밥

 병원 밥 차 끄는 소리가 덜컹거리며 복도를 지나간다. 어린아이처럼 목에 턱받이 수건을 두르고 배식을 기다린다.
 김장을 하려고 베란다 정리 중 화분을 옮기다 허리를 나쳤다. '뚝' 하는 찌릿한 느낌과 함께 몸을 움직일 수 없었다. 집 천장이 무너져 내려앉는 줄 알았다. 누군가 야구방망이로 후려치는 것 같은 충격이었다. 순식간에 숨이 멎을 것 같은 통증이 몰아쳐서 전신을 마비시켰다. 그제야 허리에 큰 부상을 입은 걸 직감했다.
 차 뒷자리에 누운 채로 병원에 실려 갔다. 숨도 제대로 쉴 수 없을 만큼 몰아치던 고통이 진통제 몇 대에 겨우 꼬리를 내렸다. 검사 결과 척추압박골절이라는 진단이었다. 보름 동안 움직이지 말고 누워 있다가 경과를 본 후에 수술을 결정한다는 것이다. 꼼짝없이 병원 천장만 바라보고 누워서 지낼 수밖에 없었다. 옆으로 돌아 눕지도 못하고 일어나 앉을 수도 없다. 몸을 지탱하던 기둥이 무너졌으니 집이 넘어진 격이다.

뼈에 구멍이 숭숭할 지경에 이르도록 허위허위 살아왔던 삶의 의미가 무엇이었던가. 이제야 자신을 향한 질책이 날을 세운다. 내 몸이라 맘대로 해도 되는 것인 양 함부로 부려먹었는데 그게 아니었다. 가족을 위한답시고 헛된 욕심과 겉치장으로 부족한 그릇을 채우기에 급급했다. 주위 환경만 탓하며 안온한 일상의 소중함을 당연한 것이라 여겼다. 고단할 땐 멈추고 소낙비는 피해 가야 했던 것이다. 장애물이 나타날 때마다 에둘러가지 못하고 몸으로 맞닥뜨린 어리석음을 탓한들 무슨 소용인가. 되돌릴 수 없는 지경에 이르고서 허무한 마음은 신열을 앓는다.

부지불식간에 일어난 일이라 당황스럽다. 주렁주렁 매달린 링거 줄에 묶여 반듯이 누워서 밥을 먹어야 하는 상황이 낯설다. 가만히 누워만 있자니 심적 육체적 고통보다 더 힘든 것이 뒤따른다. 반듯하게 누워서 식사를 하고 생리적인 문제를 해결하는 것이 더 큰 어려움이다. 삼일 동안 물과 음료수만 마시다 더 이상 버티지 못할 것 같았다. 최소한의 체면과 자존심도 포기할 수밖에 없었다.

몸은 반듯이 누워 고개만 돌려 밥을 먹으려니 뜻대로 잘 되질 않는다. 수저질도 힘들고 음식물이 흘러내려 침대 시트와 옷을 버리기 일쑤다. 일상에서 흔히들 아주 손쉬운 일을 일컬어 '누워서 떡 먹기'란 말이 있다. 직접 겪어 보니 누워서 먹는 일이 여간 힘든 게 아니다. 씹는 것도 불편하고 음식이 목으로 잘 넘어가지도 않는다. '누워서 밥 먹기'든 '누워 떡 먹기'든 누워서 먹는 일이란 불편하기 짝이 없는 일이다.

처음에는 일상을 지척에 두고 갇혀 지내는 것이 지루하고 답답했다. 와자한 세상 틈바구니에서 섬처럼 나를 유배시켜 놓은 현실이 원망스러웠다. 어설픈 숟가락질과 누워서 먹는 불편함도 시간이 흐르니 나름대로 환경에 젖어들기 마련이다. 시간이 지날수록 적인 듯 동지인 듯한 아리송한 상황에 동정을 보내기도 했다. 바깥 공기를 한 보따리씩 몰고 오는 지인들에게서 사람 냄새가 묻어날 때는 희미한 웃음을 흘리기도 했다.

그럴 즈음에 골절부위를 시술한 후에 보조기에 의지하여 조금씩 거동할 수 있게 되었다. 앉는 것이 어려우니 서서 밥을 먹어야 한다. 보조기로 허리를 단단히 동여매고 지팡이에 의지해 버텨보지만 복부와 가슴이 짓눌려 그 역시 불편하기는 마찬가지였다.

누워서 먹는 밥이 아무리 편하기로 된장뚝배기에 숟가락 부딪치며 가족끼리 먹는 집밥에 비할 것인가. 쉬운 일이란 애당초 세상 어느 모퉁이에도 없는 것 아니던가. 집밥이 마냥 그리워진다.

나를 마주하다

 섣달도 사흘밖에 남지 않은 세밑이다. 바람에 나부끼는 가랑잎처럼 내 안에 스산한 회오리바람이 인다.
 '지구촌 공생회'라는 봉사단체가 주최하는 템플스테이에 같이 가자는 지인의 말에 망설임 없이 승낙했다. 한 해를 보내는 아쉬움보다 어디론가 훌쩍 떠나 잠시라도 나를 돌아보고 싶었다.
 템플스테이에 참가한 사람들은 엄마와 같이 온 초등생부터 중고등학생, 나이 지긋한 부부까지 다양하다. 하루 이틀 사찰에 머무르면서 고즈넉한 자연경관과 전통문화의 숨결을 느끼고 산사의 생활을 체험하는 것이다. 요즘은 보다 구체적이고 체계화된 일정과

프로그램에 의해 운영되었다.

가까운 곳에 있는 사찰이지만 자주 갈 기회가 드물었던 성주사다. 낯선 사람들과 단체생활을 하는 체험이라 조금은 서먹하기도 했다. 평소 특정 종교에 심취해본 적은 없지만 내게 가장 친숙하게 다가오는 사찰체험이 낯설지만은 않았다. 주변 수목들은 낙엽을 다 떠나보내고 묵언고행에 들었다.

사찰 직원인 팀장 안내에 따라 모든 일정이 진행된다. 방사 배정 후, 성주사의 유래와 전설에 얽힌 이야기, 사찰문화와 예절, 다도 등에 관한 해설이다. 사찰에서 걸음걸이는 두 손을 모아 합장하고 조신하게 걷는다. 경내서 스님을 만나면 반배로 예를 드린다. 부처님과 스님께는 경건한 마음으로 염원을 담아 삼배를 올리는 것이 도리이다. 큰소리로 떠들거나 경거망동은 금물이며 묵언은 기본이다.

성인이 머무른 절이라는 성주사는 무념국사의 개산(835년)으로 헤아리면 천년이 훌쩍 넘는다. 김수로왕이 다녀간 것으로 치면 천년에 천년이 더 되는 사찰이다. 임진왜란 때 전소된 이후 1604년(선조 37년) 진경이 중건할 당시 곰이 불사를 도와 건축자재를 날랐다고 하여 웅신사, 또는 곰절이라 불린다. 빈번한 화재로 인해 물의 기운이 강한 돼지 조각상을 33계단 위에 조성한 이후 화재가 발생하지 않는다고 한다. 몽산화상육도보설, 삼존불(보물 제1729

호), 감로왕도(보물 제1732호) 등을 간직하고 있다. 허황후와 장유화상, 불가에 귀의한 일곱 왕자를 만나러온 김수로왕이 물을 마셨다는 어수각 등 수많은 사건과 신화와 전설, 수행과 기도를 안고 있는 고찰이다. 가까이 있는 사찰인데도 미처 모르고 지났다.

저녁 공양 시간이다. '이 음식은 어디서 왔으며 나는 공양을 받을 자격이 있는가?'라고 되묻는 현수막 앞에서 잠시 숙연해진다. 합장하고 오늘 하루 공양받을 만한 일을 했는지 되짚으며 사찰 공양을 든다. 먹물처럼 검푸른 산 능선 위로 초사흘 눈썹달이 가슴 시리게 싸늘하다.

지난날 나와 만나는 108배 참회예불 시간이다. 나는 어디서 왔으며 누구인가. 오로지 자신과 마주할 수 있는 순간이다. 경건하면서 낮은 자세로 정좌한다. 넓은 법당 안은 독경 소리만 가득하다. 하심으로 몸을 낮추어 겹겹이 쌓인 업장을 하나씩 들추어 참회의 거울에 비추어본다. 어찌 다 헤아릴 수 있을까. 지금껏 살아오면서 만난 크고 작은 허물들이 육신과 영혼을 무겁게 짓누른다. 오십 배쯤 했을 무렵부터 머리는 혼란스럽고 다리가 휘청거렸다. 끝내 무릎을 꿇고 주저앉고 말았다.

엄숙한 독경과 목탁 소리에 맞추어 자신을 되짚어본다. 삶의 여울에서 맞닥뜨렸던 고통은 욕심과 분노와 어리석음으로 마음 다스림의 뿌리가 깊지 못했음이었다. 세상 모든 인연은 한 뿌리로 엮여 있고 온갖 번뇌는 마음으로부터 오는 것이다. 탐貪 진瞋 치痴에서 헤어나지 못한 중생에 불과한 내가 부처님의 진리를 알기엔 턱없이 부족하다. 비우고 나면 등짐을 벗은 듯 가벼워지는 것이 마음이다. 내면 깊숙이 똬리를 틀고 있던 묵직한 덩어리가 울컥 치밀어 오른다. 죽비로 정수리 내려치는 깨우침이 뜨거운 이슬방울로 떨어진다.

새벽 다섯 시, 예불을 알리는 범종 소리가 나를 감싸 안는다. 지금까지 큰 탈 없이 살아온 것에 감사하고 다가올 내 삶이 한층 더 가벼워지길 기도한다. 마음속 깊은 곳에 알 수 없는 안온함이 그득히 채워진다. 아침 공양을 마치고 청아한 계곡물 소리 따라 낙엽 쌓인 둘레길 산책에 나선다. 처음 낯설어 서먹하던 얼굴들이 밤새 마음의 짐을 내려놓은 듯 밝고 환하다. 잠시 일상을 뒤로하고 오롯이 자신에만 집중할 수 있었던 산사가 주는 선물이다.

나와 마주한 짧은 휴식으로 가슴에 얹힌 돌덩이 하나 내려놓고 산문 밖을 나서는 발걸음이 한결 가볍다.

part 4

쓴맛을 품다

어부바가 하고 싶다

 박수근 화백의 〈아기 보는 소녀〉라는 그림을 들여다본다. 여남은 살쯤 돼 보이는 소녀가 어린 동생을 업고 있는 그림이다. 몽당치마에 검정 고무신을 신은 단발머리 소녀가 동생을 업어주는 모습이 정겹다.
 예전 나의 어린 시절을 떠올리게 한다. 어머니는 배가 아프다고 하면 나를 곧잘 업어 주셨다. 포근한 어머니 등에 업혀 동네 한 바퀴 돌아오면 어느새 아픈 데는 씻은 듯 사라지고 이내 잠이 들었다. 친척집에 가거나 먼 길을 걸을 때도 어머니나 언니 등에 업혀서 갈 때가 많았다.

아마 아래로 동생 둘을 잃어버려 막내라 그랬던 게 아니었을까 싶다. 다섯 살이 될 때까지 동생 몫의 젖을 먹고 자랐다. 달콤한 젖 맛에 길들여진 입맛 탓으로 밥을 먹지 않아 어머니 속을 무던히도 태웠다. 한창 자랄 나이에 밥은 먹지 않고 젖만 먹으려 하였으니 자연히 병약하고 횟배를 자주 앓았다.

속이 빈 아침만 되면 배가 휘젓듯이 요동을 치면서 아팠다. 그럴 때면 사색이 되어 배를 움켜쥐고 나뒹굴었다. 시골서 약을 구할 수 없으니 어머니는 급히 간장 한 숟갈을 떠먹였다. 무슨 풀잎이나 나무뿌리를 구해 달여 먹이기도 하고 나를 업고 한의원에 가서 침을 맞히기도 했다.

감기에 걸려 열이 오르면 객귀가 들었다며 단골네를 불러 비손을 하고 치성을 드릴 때도 있었다. 그런 후에 어머니는 나를 업고 휑하니 사립 밖을 나서곤 했다. 어머니 등에 업혀 있으면 심베직 삼에 밴 땀 냄새와 비녀를 튼 쪽찐 머리에서 나던 동백기름 향내가 좋았다. 등에 볼을 대고 가만히 눈을 감으면 심장의 떨림과 숨소리까지 느껴졌다. 어머니의 따스한 온기와 살 내음을 맡으면 마치 최면이라도 걸린 듯 스르르 잠이 들었다.

집에 돌아올 때쯤엔 아픈 것도 언제 그랬냐는 듯 멎어 있었다. 어린 나에게 어머니의 어부바는 세상에서 가장 포근하고 안온한 요람이었다. 그 시절 엄마들은 웬만한 집안일은 아이를 등에 업고 하셨다. 형제 중에 언니나 누이가 있으면 동생을 업어 키우기도 했다. 우리만이 지닌 따뜻하고 애틋한 사랑이 묻어나는 생활 속의 전통방식이며 지혜였다.

  요즘은 그전처럼 아기를 등에 업고 다니는 사람은 보기 드물다. 유모차에 태우거나 가슴에 안기듯 끈으로 묶어 어깨에 메고 다닌다. 가끔 젊은 아빠들이 가슴에 아기를 품고 다니는 모습을 볼 때면 믿음직스럽고 행복해 보인다.

  지금도 간혹 그때를 생각하면 가슴이 따뜻해진다. 어머니의 베적삼에서 나던 땀 냄새가 그리우면 어부바가 하고 싶다.

쓴맛을 품다

 봄나물이 한창이다. 뭇 생명이 기지개를 켜는 이른 봄, 우리 집 밥상에는 머위나물도 봄 입맛을 불러온다.
 눈요기 삼아 재래시장 한 바퀴 돌아본다. 지난겨울 꽁꽁 언 땅속에서 새 생명을 키워낸 봄나물이 꽃샘추위에 파르르 떨고 있다. 금방이라도 살아서 날아갈 듯 풋풋하다. 달래와 냉이, 쑥 등 봄나물을 파는 할머니와 한 줌 더 얹어달라고 보채는 중년 아주머니의 팽팽한 흥정에도 삶의 활력이 넘친다. 겨우내 눅눅하던 마음도 싱그러운 봄기운에 여지없이 녹아내린다.
 대야에 담긴 머위 순과 쑥 한 봉지를 샀다. 맏물이라 아직은 조금 비싸다. 집에 와서 헌 신문 위에 펼쳐놓고 뿌리부분에 붙은 거스러미와 진잎을 가려낸다. 여린 줄기에 잔털이 보송보송 돋아난 머위는 아직 잎이 덜 피어 안으로 또르르 말려 있다. 마치 갓난아기가 손을 꼭 쥐고 있는 것 같다. 따스한 봄 햇살에 땅을 박차고 올라오기 무섭게 어느 바지런한 아낙의 손끝에 뽑혀서 나왔다.

끓는 물에 살짝 데쳐낸 머위를 깨소금과 참기름, 마늘, 된장, 들깨가루 등을 넣어 조물조물 버무려 밥상에 올린다. 쌉싸래한 잎과 부드럽게 살캉거리는 줄기는 상큼하면서 고소한 맛이 입안에서 감돈다. 머위나물 한 접시 먹고 나면 봄 향기가 몸속에 자욱이 퍼지는 것 같다. 겨우내 움츠렸던 마음의 응달에도 파릇한 봄풀이 돋아난다.

머위의 쓴맛은 매혹적이다. 쓰면서도 아주 쓰지 않고 삼키고 나서도 혀끝에 남아 감기는 미묘한 맛이 있다. 비닐하우스에 재배한 머위가 사철 나오지만 제철에 채취한 머위나물이 제맛이다. 봄철 나른한 춘곤증에 필요한 비타민과 성인병 예방에도 좋아 자주 만들어 먹는 편이다. 새순이 나올 무렵부터 머위나물 몇 접시쯤 밥상에 올리고 나면 연이어 다른 봄나물도 흐드러지게 선을 보인다.

아잇적에는 쓴맛이라면 진저리가 날 정도로 싫어했다. 나는 어머니 젖을 여섯 살까지 먹고 자랐다. 밥보다 달콤한 엄마 젖에 길들여진 버릇을 고치려 소태나무 진액을 발라 젖을 뗀 기억이 난다.

쓴 나물, 쓴소리, 쓴 약,
내 몸에 이로운 것들은
왜 모두 쓴맛이 나는 것일까.
쌉싸름하고 상큼함이 은근히 감도는
봄나물 같은 맛이 아쉽다.

그때 몸서리치게 쓰던 소태맛은 오래도록 잊히지 않는다. 쓴맛이란 독이 들어 있다는 경고와도 같아 아이나 동물들은 본능적으로 쓴맛을 기피한다. 들에서 풀을 뜯는 소들도 쓴맛이 나는 풀이나 향이 강한 풀은 거의 입에 대지 않는다.

어머니는 봄이면 양지바른 밭둑이나 논두렁에서 고들빼기나 머위를 캐왔다. 끓는 물에 데친 쓴 나물을 초고추장에 무쳐서 아버지 밥상에 올리면 맛나게 드셨다. 입맛이 없거나 소화가 안 될 때는 쑥을 짓이겨 쑥물을 드시기도 했다. 어른들은 인삼이나 고들빼기, 쑥, 도라지 같은 쓴맛의 기호에 매혹당하는 것일까. 왜 그토록 쓴맛 나는 나물을 좋아하는지 도무지 이해할 수 없었다. 어른들이 쌉싸름한 맛을 좋아하는 것은 인생의 참맛을 알 만한 나이에 쓴맛의 깊이를 터득했기 때문이었을 것이다.

이제 단맛 쓴맛 다 품고 살 나이에 이르렀다. 살아오는 동안 단번에 훅 끌어당기는 달달한 맛의 유혹에 이끌렸던 적도 많았다. 세상 누군들 인생의 쓴맛을 맛보지 않고 한세상 살아가는 이가 있을까. 단맛은 솜사탕처럼 부드럽고 얕아 감각적이다. 처음에는 한없이 끌리다가도 더 이상 다른 것을 먹고 싶지 않을 만큼 물리게 하는 것이 단맛이다. 달면 삼키고 쓰면 뱉는다는 말처럼 무언가 입가 심거리가 당기는 듯 뒤끝이 살짝 들리는 맛이라 할까. 반면 자극적이면서 입안에 감도는 쓴맛은 깊은 여운을 남기며 사색적이다. 돌아보면 쓴맛 단맛, 매운맛까지 품고 굽이굽이 에돌아온 삶 아니던가.

때로는 미처 깨닫지 못한 어리석음을 누군가 탓할 때는 아픈 상처에 소금을 뿌린 듯 쓰라리기도 했다. 그런 아픔과 생채기마저도 내 안에 곰삭히면 새살이 돋고 더 큰 성숙으로 세상을 품게 된다. 입에 쓰다고 혹은 먹기 싫다고 그것들을 다 맛보지 않으면 진정한 삶의 기쁨도 보람도 잃어버릴 수 있다. 실패와 좌절을 겪어보지 않고 인생의 참맛을 알 수 없듯이 참 행복을 누리지 못하는 것과 같다. 살면서 쓴맛 단맛을 모두 체감해야만 인생의 깊이와 참맛을 알 수 있는 것과 마찬가지이다.

쓴 나물, 쓴소리, 쓴 약, 내 몸에 이로운 것들은 왜 모두 쓴맛이 나는 것일까. 쌉싸름하고 상큼함이 은근히 감도는 봄나물 같은 맛이 아쉽다.

달팽이

　달팽이가 창문에 그림을 그려놓았다. 아침에 일어나 커튼을 열자 녀석이 간밤에 기어 다닌 흔적으로 거실 앞 창문이 흡사 추상화를 보는 것 같다. 끊어질 듯 이어지는 투명한 곡선으로 완성된 한 폭의 작품을 보는 듯하다. 대체 끈적거리는 진액을 얼마나 뽑아냈기에 군데군데 허연 거품까지 뱉어내 농도까지 잘 맞추었다.
　달팽이는 어쩌자고 차갑고 미끄러운 절벽 같은 유리창에 몸을 붙이고 기어오른 것일까. 먹이를 찾아서일까. 자기가 살던 곳과 다른 환경이 생태적으로 맞지 않아 탈출을 시도한 필사의 몸부림이었을까. 며칠째 밤마다 유리창을 기어 다닌 연유를 알 수가 없다.

연말 무렵 ㅎ문우의 시상식에 갔다 오는 길이었다. 버스정류장이 어시장과 연결되어 있고 인도 양쪽에는 좌판을 펴고 각종 생선과 야채를 파는 노점상들이 즐비했다. 생선 몇 마리 좌판 위에 늘어놓고 비늘을 틀고 있던 아낙의 웅크린 어깨가 더욱 시리게 느껴지는 세밑이었다.

동네 가게보다 훨씬 싸고 좋은 물건들이 많아 사고 싶은 유혹을 뿌리치기가 쉽지 않았다. 대충 눈요기만 하고 지나치는데 정류장 맞은편 땅바닥에 쭈그려 앉아 푸성귀를 다듬는 할머니와 눈길이 마주쳤다. 목도리로 얼굴까지 칭칭 감은 눈치 빠른 할머니가 마수걸이 좀 해달라며 매달렸다. 얼핏 보니 푸성귀에 흙이 묻고 태깔이 썩 좋아 보이진 않았다. 망설이다 시금치와 얼갈이배추 한 단을 샀다. 할머니는 돈을 받아 '퉤'하고 침을 뱉더니 파뿌리처럼 하얀 머리카락에 쓱쓱 문질러 바지 주머니에 찔러 넣었다.

뿌리가 새빨간 시금치는 겨울 찬바람을 모질게 견디면서 자랐을 풋풋함이 살아 있다. 시골 어느 양지바른 산비탈에 자라다 어느 부지런한 할머니의 손길에 뽑혀서 내 집 찬거리가 되었다. 누렇게 마른 잎을 따내고 솔가리를 가리는데 구멍이 숭숭한 배춧잎 뒤편에 손톱만 한 달팽이 한 마리가 덤으로 따라왔다. 어쩌다 뒤웅스럽게 할머니의 손길을 피하지 못하고 여기까지 따라온 것일까. 손으로 집으려니 저도 놀랐는지 가느다란 촉수를 쏙 내밀다 움찔 집 속으로 감쪽같이 숨어버린다.

배춧잎에 붙여 베란다 화분 위에 올려주었다. 밤새 갉아 먹었는지 이파리에 구멍이 숭숭 나 있다. 그 뒤로 며칠째 사과껍질과 배춧잎을 줬는데도 입을 대거나 거쳐 간 흔적이 없다. 녀석은 야행성인지 낮에는 죽은 듯이 미동도 않다가 밤만 되면 나와서 그림을 그려놓는다. 사람도 자신이 나고 자란 고향을 그리워하듯 녀석은 제가 살던 언덕배기 푸른 숲속이 얼마나 그리웠을까 싶다. 창문에 그린 흔적은 분명 귀소본능으로 옛 살던 곳을 찾아 헤맨 필사의 몸부림이었는지 모른다.

어느 해 겨울 세모 무렵이 떠오른다. 두꺼운 외투를 입고도 찬바람에 귓불이 얼어붙을 듯이 몹시 춥던 날이었다. 종종걸음으로 장을 보고 돌아서는데 누군가 외투 자락을 잡아당겨 뒤돌아보고 깜짝 놀랐다. 일그러진 얼굴과 두 팔만 밖으로 내놓고 잔뜩 움츠린 채, 하반신과 몸통은 검정색 고무포대 속에 구겨 넣은 장애인이었다. 이미 제 기능을 상실한 육신을 두 팔에 의지한 채 얼음같이 찬 땅바닥에 엎드려 있었다. 작은 바퀴가 달린 잡화 상자를 한 손으로 끌며 움찔거릴 때마다 느린 걸음으로 조금씩 앞으로 나아갔다.

마치 달팽이가 연약한 껍질 속에 부드러운 속살을 숨기고 느린 걸음으로 움직이는 모습 같았다. 얼마나 춥고 배가 고플 것이며 가족이 있는 따뜻한 집이 그리웠을까. 갑자기 그가 내뱉은 한마디에 발길을 멈추었다.

"어머니 하나만 사주세요." 물건을 사란 말인지 먹을 것을 사달라는 건지 순간 당황스러웠다. 마침 주위에 어묵을 파는 리어카에선 뜨끈한 국물에 허연 김이 오르고 있었다. 주머니 속에는 좀 전에 장을 보고 남은 천 원짜리 몇 장이 손에 잡혔다.

"아저씨 어묵 하나 사드릴까요?" "안돼요" 난전에 쭈그려 앉아 찬거리를 다듬던 할머니가 펄쩍 뛰며 손을 내저었다. 화장실 문제 때문에 큰일 난다고 했다. 그는 어떻게 혼자서 생리적인 문제를 해결한단 말인가. 한 마리 가여운 짐승처럼 차디찬 땅바닥에 엎드린 그의 젖은 아랫도리가 괜스레 걱정스러웠다. 고작 천 원짜리 몇 장 던져준 동정이 부끄러워 뒤도 돌아보지 않고 도망치듯 얼른 피해 버렸다.

혹한의 날씨에 달팽이처럼 땅바닥을 느릿느릿 기어가는 그날의 영상 한 컷이 떠오르는 세모의 아침이다.

오색 팔중五色 八重 동백

　처음 보는 희귀한 동백나무 앞에 발길이 멎었다. 급한 볼일을 마치고 어느 관공서 정원을 지나치다 한 그루 동백나무에게 마음이 꽂혔다.
　언젠가 텔레비전에서 '오색 팔중 동백'에 대한 사연을 시청한 적이 있었다. 한 그루 나무에서 다섯 가지 색깔의 꽃이 피는 세계적인 희귀종이었다. 다섯 가지 색깔과 무늬를 가진 꽃이 여덟 겹의 꽃잎으로 피어난다 하여 '오색 팔중 동백'이란 이름이 붙게 된 동백이다. 일본으로부터 우리나라로 귀환한 귀한 동백나무이다.
　임진왜란 당시 울산의 어느 정원에 심어진 희귀한 동백을 왜장

'가토 기요마사'가 일본으로 가져가 도요토미 히데요시에게 바쳤다고 한다. 그 후 우리나라에서 자취를 감추었는데 울산의 한 예술인이 우연히 일본의 사찰 춘사春寺에서 이 동백을 발견하게 되었다. 이어서 귀환을 추진하는 계기가 되어 그 사연을 알게 된 자비사 삼중스님 등이 귀환을 성사시켰다. 사백여 년 만인 1992년에 춘사에 있는 어린 동백 묘목 세 그루가 마침내 고국으로 돌아오게 되었다.

오색 팔중 동백은 초록 이파리 사이로 서로 다른 색깔의 꽃송이들로 활짝 웃고 있었다. 자세히 살펴보니 다홍색과 연분홍, 흰색 꽃이 피었고 진분홍색과 흰색이 무늬로 섞인 것 등이다. 여러 가지 물감을 칠한 듯 무늬로 점점이 꽃잎에 새겨져 있기도 하다. 꽃송이 하나하나가 마치 숨은그림찾기를 하듯 신비스럽기까지 하다.

오색 팔중 동백은 얼핏 가족 나무와 같다는 생각이 든다. 한 나무에 각각 다른 색깔의 꽃을 피웠음에도 잘 어우러져 매혹적인 소화를 이루고 있어서이다. 초록 이파리 속에 서로 다른 색의 꽃들이 활짝 피었고 나무는 가만히 잔가지만 흔든다. 이처럼 우리는 부모라는 한 그루 나무에서 나만의 색깔을 지닌 자식으로 태어나지 않았던가. 부모에게 자식이란 생명과도 같은 내홍을 환희의 꽃으로 피워 올린 꿈이요 보람인 것이다.

부모는 자식들의 다양성을 존중하고 그들이 활짝 꽃피우도록 이끌어 주는 한 그루 오색 팔중 동백과 다르지 않다. 나는 어떤 색깔

우리는 한 뿌리에서
자신만의 색깔과 무늬로
꽃피우며 살아간다.
귀한 것일수록 더 소중하듯이....

이었을까. 가만 생각해 보니 초록 이파리 뒤에 숨어 보일 듯 말 듯 잘 드러나지 않는 하얀색이었지 싶다. 다른 색의 꽃이 마음에 들지 않는다며 투정하거나 심술을 부린 적도 많았다. 나만의 색이 가장 좋다고 우기면서 살아온 철부지였는지 모른다. 모든 부모는 그런 자식을 편견 없이 그들이 지닌 색깔을 인정하고 지켜주었기에 화사하게 꽃피울 수 있었다.

아버지는 무던하고 변함없는 나무색이었으며 어머니는 아마 초록색이었지 싶다. 새잎을 피우고 다시 무성한 잎으로 자라 나무를 살찌우고 꽃을 키워낸다. 오죽하면 그 꽃 뒤에 숨어 혼신을 바쳤던 가슴앓이로 자기 색깔마저 버리고 선혈로 물이 들었을까. 가끔 부모님을 생각할 때면 눈물이 맺히는 걸 보면 어쩌면 이슬과 같은 무채색이 아니었을까 싶기도 하다.

그토록 간절한 존재인 가족이지만 때로는 상처가 될 때도 있다. 그들이야말로 서로에게 가장 큰 영향을 미치는 관계이다. 우리는 가족 안에서 사랑과 미움, 질투와 불안, 기쁨과 슬픔, 용서와 죄책감, 인간이 경험할 수 있는 모든 감정을 주고받는다. 온갖 희로애락을 최초로 경험하는 것은 가족으로부터가 아닌가 싶다. 그 역시 인간이 지닌 숙명인지 모른다.

이른 봄꽃들이 무리 지어 흐드러지게 피어도 어딘지 모르게 애잔함이 묻어난다. 아이가 태어나서 부모의 그늘에서 자라다 언젠가는 자신만의 빛깔로 살아갈 수밖에 없는 것과 마찬가지이다. 다른 색을 지니고 살지만 힘든 순간과 마주할 때면 가족이라는 든든한 울타리가 있기에 거뜬히 이겨낼 수 있는 것이다.

오색 팔중 동백은 임진왜란 때 스러져간 민초들의 슬픈 사연을 꽃잎 속에 간직한 아픔이 너무 커서일까. 오랜 세월 타향살이를 한 탓인지 우리 기후에 적응을 잘 못해 번식이 쉽지 않다고 한다.

우리는 한 뿌리에서 자신만의 색깔과 무늬로 꽃피우며 살아간다. 귀한 것일수록 더 소중하듯이….

고택의 하룻밤

경북 봉화의 바래미마을 토향고택에 해가 설핏 저문다. 가을 들녘을 건너온 바람이 몰고 온 알싸한 건초 냄새가 코끝을 훅 스친다. 도시의 번잡함이나 소음이 없는 시골 마을은 한적하고 아늑하다.

세월의 문을 열듯 조심스레 고택의 솟을대문을 들어선다.

"안녕하시니껴? 어서 오시소." 얼굴 가득 미소를 띤 주인 부부가 반갑게 맞이한다. 고택은 옛날 사대부가의 종택임을 한눈에 짐작할 수 있다. 일백오십여 년의 세월을 지켜온 제법 큰 규모의 한옥이다. 담장에 올린 호박 넝쿨이며 마당가에 핀 가을꽃들이 고즈넉한 고택의 정취와 잘 어우러졌다. 사랑채 쪽마루에 짐을 부리고 나니 이내 어둠이 내린다.

오후에 영주에 도착하여 소수서원과 선비촌을 둘러보았다. 소수서원은 조선시대 최초로 임금이 내린 편액이 걸린 유서 깊은 사액서원이다. 선비들이 학문을 배우고 연구하던 교육기관이다. 소수서원 입구 길목에 늘어선 수백 년 된 붉은 소나무가 눈길을 사로잡는다. 하늘을 향하여 푸른 기상과 미끈한 몸매로 서 있는 나무들은 옛 선비의 올곧은 기품과 고결함을 느끼게 한다. 소수서원과 선비촌을 사이에 두고 죽계천이 휘돌아 주변 절경과 어울려 절묘한 조화를 이룬다. 선인들이 남긴 숭고한 발자취를 되새기며 걷다 보니 발걸음이 더디었다.

토향고택은 주인 김종구 선생의 4대조이신 통훈대부를 지낸 김인식(1876년, 고종13년) 선생이 건립하여 지금에 이른다고 한다. 고택의 현판인 〈토향土香〉은 독립 운동가이셨던 선친의 호를 따서 붙인 것이라 한다. 일백오십여 년을 거슬러 글을 짓고 시를 읊었던 선인들의 숨결이 깃든 뜨끈한 사랑방에 여정을 푼다. 낮 동안의 피로도 잊은 채 정겨운 환담으로 고택의 밤이 깊어간다.

따끈한 온돌방은 시골집 아랫목처럼 안온하다. 뒤치락거리다 깜빡 잠이 들었나 했는데 멀리 청아한 닭 울음소리에 선잠이 깬다. 얼마 만에 들어보는 소리인가. 고적한 밤을 가르는 닭 울음은 한동안 잊고 살았던 고향의 소리다. 잠은 저만치 달아나고 어둠을 걷어 올리는 한지 방문이 우련해온다.

댓돌 위에 가지런히 놓인 흰 고무신을 신고 발소리를 죽여 마당으로 내려선다. 어렴풋이 드러난 기와지붕과 사뿐히 고개를 치켜든 처마 곡선이 허공에 걸렸다. 주인 부부가 사는 안채인 듯, 한지 방문에 비친 그림자가 실루엣으로 흔들린다. 세월의 흔적을 담뿍 안은 고택은 ㅁ자 형식의 집이다. 소박하고 아담한 안채와 양옆으로 연결된 행랑채까지 마루와 방으로 연결돼 있다. 대청마루를 지나 부엌과 쪽마루, 누마루로 이어진 구조는 어디서든 통할 수 있게 짜여졌다. 창문은 드나드는 용도에 따라 여닫이와 미닫이문을 달아 편리함이 엿보인다. 정면 창마다 이중 덧문을 단 것도 고택의 멋과 품격을 한층 돋보이게 한다.

날이 밝자 너른 고택 주변을 둘러본다. 소나무 숲이 병풍처럼 눌러쳐진 나직한 산 아래 다소곳한 모습을 드러낸다. 기와지붕에 내려앉은 이끼가 세월의 흔적을 담뿍 안았다. 안채와 떨어져 비껴 앉은 별채와 황토 담장도 어깨를 맞대었다. 넓은 마당을 지나 별채와 안채를 통하는 낮은 대문을 들어선다. 둥글게 휘어진 통나무로 문턱을 낮춘 것도 특이하다. 남녀가 지엄하던 시절, 안채로 들어갈 때는 몸을 낮추어 옷깃을 여미고 예를 갖추라는 뜻인가. 예절과 배려와 섬세함과 정교함의 극치다. 선인들의 지혜에 고개가 숙어진다.

  한옥은 누구나 한 번쯤 동경하는 마음의 고향 같은 곳이다. 우리 민족만이 느낄 수 있는 멋과 은은한 사람의 향기가 배어난다. 오랜 세월 동안 갖은 풍상을 겪으며 살아왔을 인연을 떠올리게 한다. 많은 식솔을 배려한 섬세하고 기품 있는 옛 주인의 소박하고 넉넉한 성품을 말해주는 듯하다. 배꽃처럼 환하고 다감했던 마음들이 푸른 이끼로 켜켜이 쌓였다.

  별채는 '흙과 향기'라는 도자기를 만드는 공방이다. 도자기를 빚고 시조를 짓는 주인 부부의 손길이 눈길 머무는 곳마다 묻어 있다. 나그네처럼 왔다 가는 여행길에서 고택의 하룻밤이 아쉽기만 하다.

어미

　어느 맑은 가을날, 조계산 송광사 초입에서다. 가을 가뭄에 수척해진 계곡을 옆에 끼고 오르다 곱게 물든 단풍 숲을 넋 놓고 올려다본다. 주변 풍광에 취해 쉬엄쉬엄 걷는데 느닷없는 남자의 격앙된 목소리에 뒤를 돌아본다.
　"어머니, 조금만 더 가면 돼요. 조금만 더요."
　"더? 아직도⋯." 숨을 헐떡이며 묻는 할머니의 목소리가 턱에 닿아 있었다. 중년의 아들에게 거의 매달리듯 몸을 맡긴 채 힘겹게 발걸음을 옮기는 백발 할머니는 연신 '휴우 휴우' 가쁜 호흡을 내쉬었다.

"어머니, 단풍이 참 고와요."

턱밑까지 숨이 차오른 할머니가 대답 대신 참으로 묘한 표정을 짓고 있었다. 내가 느끼기에는 할머니의 표정은 흐뭇한 미소가 아닌 고통스럽고 힘겨운 비명 비슷한 것이었다. 그냥 지나치려니 가슴 한구석이 저릿해진다. 할머니가 좀 더 젊으셔서 기력이 있을 때 모시고 왔더라면 얼마나 좋아했을까.

오래전 여든이 넘은 어머니를 모시고 이곳에 다녀갔던 생각이 난다. 몇 발짝씩 걸음을 옮기다 굽은 허리를 펴고 가쁜 숨을 몰아쉬던 어머니 모습이 어른거려 코끝이 찡하다. 어머니가 노쇠하기 전에 진작 모시고 다닐 걸 하는 아쉬움에 마음 한 자락이 아리다. 지금 딸과 함께 단풍구경을 다니는 것처럼 조금 더 일찍 왔더라면….

오전에 낙안읍성을 한 바퀴 돌아볼 때부터 힘든 기색이 역력하던 남편을 절 들머리 쉼터에서 기다리게 한 것이 또 마음에 걸린다. "여기서 쉬고 있을 테니 신경 쓰지 말고 다녀오라."던 뒤처진 남편이 목에 걸려 기분이 가볍지만은 않다. 아들에게 이끌리다시피 걸어가던 할머니가 있는 힘을 다해서 짜낸 웃음 속에 감춰진 한숨에서, 뒤처진 그의 모습이 얼핏 스쳐 겹친다. 기어이 이제 그만 '효도여행 스톱!'을 외치려다가 입술을 지그시 깨문다.

집을 나서기 전부터 딸은 제 아버지가 장거리 여행은 무리일 거

인내와 정성과 지혜의 덕으로
자식들을 키우는 어머니의 사랑을 생각하면
언제나 가슴속에 잔물결이 인다.

라며 은근히 염려스러운 눈치를 내비쳤다. 그가 괜찮다고 우기는 바람에 따라나서긴 했지만 딸에게 짐이 되지 않으려 안간힘을 쓰는 걸 보니 안쓰럽기만 하다. 딸 눈치 보랴, 남편 눈치 살피랴, 단란하고 홀가분해야 할 가족여행이 아니라 효도여행이 되고 만 셈이다.

얼마 전, 쓰레기통에 음식물 찌꺼기를 버리려다 고양이 한 마리가 매서운 눈빛으로 한곳을 노려보고 있는 걸 보고 흠칫 놀랐다. 쓰레기통 주변에는 길고양이들이 먹이를 찾아 봉지를 뒤지며 어슬렁거리는 광경을 자주 보게 된다. 그때 별안간 나무 위에서 두 날개를 잔뜩 부풀린 새 한 마리가 고양이를 향해 내리꽂히듯 돌진하는 것이다. 지빠귀라는 새였다. 지빠귀는 인가 가까운 들이나 숲에 사는 새다. 가끔 아파트 화단 나뭇가지에 매달린 열매를 따먹으며 날아다니는 걸 종종 본다.

땅바닥에는 잿빛털이 보송한 새끼 새가 눈을 똥그랗게 굴리며 파르르 떨고 있다. 고양이는 미동도 않고 새끼 새를 노려보는데 어미 지빠귀는 날개를 한껏 부풀려 비명을 지르며 안절부절 푸덕거렸다. 어미는 온몸을 내던져 필사의 몸부림으로 새끼를 지키려 꽥꽥 소리 지르며 주위를 맴돈다. 어미 지빠귀는 고양이의 매서운 눈빛도, 날카로운 발톱도 아랑곳하지 않고 고양이를 향해 몸을 내던진다. 어미의 새끼사랑이란 사람이든 동물이든, 그 무엇이건 별반 다르지 않음에 잔잔한 파문이 인다.

언젠가 텔레비전에서 동남아 어느 나라의 고엽제 후유증 환자를 추적한 기록필름을 본 적이 있다. 차마 형용하기도 조심스런 심신 기형인 사람들이 극한의 궁핍 속에 방치되어 있었다. 한 아이가 우리 속에 갇힌 채 입을 크게 벌리고 벙싯거리는 옆에서 눈물을 훔치던 아이의 엄마가 말했다.

"나는 밤마다 이 아이 곁에서 웃통을 벗고 자요. 모기가 이 아이 대신 내 피를 빨아 먹도록…."

어미의 마음이란 딱 이만큼이다. 자식을 기쁘게 하기 위해 억지 웃음을 짜내게도 하고, 알몸이 되어 모기를 유인케도 하고, 새끼를 구하려 온몸을 내던지기도 한다. 자식들은 그런 어미의 새끼사랑을 알기까지 많은 세월이 흐른 후에야 비로소 깨닫게 된다.

세상 어느 마음 중에도 가장 강인하고 성스러운 마음은 모성이 아닐까 싶다. 가장 고귀한 사랑도 어머니의 사랑이며, 그 어떤 고마운 분도 어머니일 것이다. 인내와 정성과 지혜로 자식들을 키우는 어머니의 사랑을 생각하면 언제나 가슴속에 잔물결이 인다.

이름에 대하여

한동안 이름을 잊고 살 때도 있었다. 잊었는지 잃어버렸는지 모르지만 누구의 아내로 아이들 엄마로만 살았다. 이름 없이 사는 동안 나 또한 실종되었을 것이다. 어디론가 떠내려간 나를 찾으려고 이곳저곳을 기웃거렸다. 이름을 찾기보다 나를 찾기 위해서였을 것이다.

느지막하게 글쓰기를 하면서부터 동인 몇몇이 이름을 불러주기 시작했을 때의 기분을 잊을 수 없다. 이름 뒤에 씨자를 붙여 부르거나 ㅇㅇㅇ님, 또는 선생님이라 부르는 사람도 생겼다. 어렵게 찾은 이름을 놓치지 않으려고 나름 늦은 밤 눈꺼풀과 씨름하기도 했다. 그다지 세련되지 않은 이름이 썩 마음에 들지는 않았지만 그게 나인 걸 어쩌겠는가.

글을 쓴 지 얼마 되지 않은 풋내기 시절 어느 작품 발표회 때 일이었다. '공ㅇ점'이라 이름을 말하는데 느닷없이 어떤 분이 선뜻 나서며 몸 어디에 점이 있는지 물어보았다. 그 말에 사람들은 재미있다는 듯 왁자하게 웃었다. 순간 나는 당황스럽고 민망해서 쥐구멍이라도 찾고 싶었다.

L선생님께서 정색을 하며 그들을 향해 한마디 하셨다.

"웃지들 마세요. 우리나라 사람치고 몸에 점 없는 사람 있으면 나와 보세요. 여러분들 엉덩이에 몽고반점 없어요?" 이내 분위기는 조용해졌다. 그날 이름으로 인해 몹시 곤혹스러웠는데 그때처럼 그 말이 고맙게 느껴진 적도 없었다.

어떤 사람은 한문으로 쓴 이름을 보고 클 '태太' 자에 점 '점点' 자이니 무슨 작명의 의미라도 있느냐고 묻기도 한다. 간혹 내 이름에 대해서 그런 질문을 해오는 사람도 더러 있어 난감하다. 세상을 살아가면서 '큰 점'이라도 찍으라는 바람이 담긴 깊은 뜻이라도 있으면 좋으련만 전혀 그렇지 못하다. 나는 위로 언니가 세 명이나 되는 넷째 딸이다. 맏언니는 내가 태어나기도 전에 시집을 갔고 둘째 언니는 태연, 셋째가 태순이다. 성과 이름 한 자는 이미 정해진 거나 마찬가지이다. 태어나서 보니 발목에 손톱만 한 푸른 점이 있어

태점太点이라 지었다고 한다.

어릴 때는 다들 끝 자만 따서 '점'이라 불렀다. 초등학교에 들어가기 전까지만 해도 내 이름이 그냥 '점'인 줄로만 알고 자랐다. 누군가 점이라 부르지 않고 '태점아' 하고 부르면 남의 이름 같아 얼른 대답하지 않았다.

살다 보니 이름 대신 그때마다 이런저런 호칭이 생겨나기도 했다. 시장에 가면 아줌마로 통하고, 백화점과 미용실에서는 사모님이라 부른다. 초보운전일 적에는 운전미숙으로 우물쩍거리다가 '이 아줌마가 어쩌고…' 하는 삿대질도 감수해야 했다. 처음에는 왠지 부자연스럽다가도 이내 익숙해지는 것이 호칭인 것만 같다. 지금은 사모님이라 부르면 사모님인 척, 선생님이라 부르면 선생님인 척하고 산다.

문단에 첫발을 들여놓았을 때였다. 누군가 '선생님'이나 '수필가님'이라 부를 때는 어쩐지 몸에 맞지 않은 옷을 걸친 것처럼 거북스럽고 어색하던 적도 많았다. 이제는 점이라는 이름 때문에 조금도 부끄럽다거나 거리낌이 없다. 이름을 돋보이게 하는 것도 나 자신이고, 그 이름을 욕되게 하는 것도 바로 내가 아니던가.

그리 흔하지 않은 이름이라기보다 부모님이 맨 처음 만나 불러준 이름이기에 더욱 소중하고 귀하게 여긴다. 귀한 집에서 곱게 자란 며느리가 어머님이라 부르고, 다감하고 훤칠하게 잘 키운 남의 집 아들에게 장모님 소리를 듣는다. 그때마다 뿌듯한 기분이 들기도 한다.

  요즘 들어 가장 듣기 좋은 이름은 할머니다. 그런 호칭을 들은 지도 꽤 오래이다. 그리고 보면 들을 수 있는 호칭은 거의 다 들은 것이 아닌가. 처음 할머니 소리를 들었을 때는 그리 유쾌하진 않았다. 내 아이의 아이들에게 따스한 어른으로 기억되는 것도 축복받은 일이 아닌가.

  쓸쓸하면서 포근한 이름, 할머니. 할머니는 지난 세월에 청춘을 송두리째 반납한 여자에게 수여되는 마지막 작위일지 모른다.

유배, 문학을 꽃피우다

갯내음 묻은 엷은 바람이 유배문학관 앞뜰 붉은 단풍나무 잎을 흔든다. 남해 바다 외로운 섬, 노도에서 앵강만을 건너온 바람이다. 맨 먼저 제법 큰 규모의 건물 한 동이 한눈에 들어선다. 이어 위엄 있는 선비 풍모를 지닌 김만중의 동상이 가을 햇살에 눈이 부시다. 동상 앞에 고개를 숙인다. 시간 저쪽 건너편으로 서포 김만중의 환영을 만난다.

유배문학관은 고려 때부터 조선시대에 걸쳐 유배지에서 남긴 문학작품과 유배지 등 그들이 남긴 발자취를 한자리에 전시해 놓았다. 정쟁과 권력다툼으로 세상과 멀어진 선인들이 물려준 귀중한

문화유산이다. 유배라는 절망적인 삶 속에서 문학과 예술을 탄생시켰던 선조들의 숭고한 정신을 더듬는다. 유배문학으로 가장 먼저 송강 정철과 다산 정약용을 떠올리게 된다. 송강 정철은 우리나라 문학사에 큰 족적을 남긴 조선시대 뛰어난 정치인이자 문장가로 가사문학을 꽃피웠다. 관동별곡, 사미인곡 등 주옥같은 수많은 작품을 남긴 선구자였다. 강원도와 전남 담양의 식영정에 머물면서 우리나라 최고의 시가를 지어 지금까지 전해져 오고 있다. 초등학생부터 정철의 시조 몇 수 외우지 않은 사람이 없을 정도로 손꼽힌다.

다산 정약용은 십팔 년이란 긴 세월을 강진에 머물면서 목민심서, 흠흠신서 등 오백여 권의 방대한 실학관계 저서를 집필하였다. 정치, 행정, 의서, 지리 등 수많은 저서는 우리나라 사상 형성에 큰 영향을 끼치기도 했다. 높은 관직에서 귀양살이가 반복되는 기구한 삶 속에서 후세에 길이 남을 뛰어난 문학작품과 훌륭한 저서를 남겼다. 반복되는 권력의 부침에 따라 선조들의 평탄치 않았던 삶과 굴곡진 생애를 더듬어 보는 발걸음이 가볍지만은 않다.

유배체험실은 유배객이 겪었던 갖은 고초를 여러 모형으로 재현해 놓았다. 일행들은 밀폐된 공간에 들어가 위리안치되었던 선인들의 심경을 몸소 헤아려 보기도 한다. 형틀에 엎드려 곤장을 맞거나 주리를 트는 상황을 연출해보기도 한다. 살이 찢기고 뼈가 어스

갖은 고초를 견디면서
그들의 삶과 사상을
문학으로 꽃피운 위대한 정신과 만나는
마음의 부침이다.

아득히 닿을 수 없는 일이라
흩어진 생각은 저 멀리 떠다니는 구름처럼
선뜻 손에 잡히지 않는다.

러지는 고통으로 몸부림쳤을 처절한 비명이 환청으로 들려올 것만 같다. 가슴 한 곳이 저릿해진다. 권력 앞에 무릎을 꿇어야했던 그들의 절망과 비통한 한숨 소리가 뒤섞여 휘감겨온다.

이곳 남해의 유배객으로는 시간을 거슬러 서포 김만중의 그림자가 아득히 섬처럼 어른거린다. 김만중은 조선 후기 숙종 때 문신이자 소설가이다. 붕당으로 나라가 어지럽던 시절 정쟁에 휘말려 파란만장한 삶을 살았다. 파도 소리 드높은 망망대해 외딴섬에 유리되어 세상과 멀어지고 말았다. 작고 초라한 초옥의 적막 속에서 흔들리는 등불에 의지해 붓을 적셨으리라. 지난날의 출세와 부귀영화도 부질없는 하룻밤 꿈만 같아 한숨만 삼켰을 터이다.

김만중은 노도 귀양살이 중, 장희빈에 대한 숙종의 마음을 돌려보기 위하여 〈사씨남정기〉와 홀로 두고 온 어머니를 위로하기 위해 〈구운몽〉을 썼다. 우리 국문학사에 길이 남을 국문소설 〈구운몽〉과 〈사씨남정기〉를 집필하여 큰 족적을 남겼다. 전문을 한글로 집필하여 우리나라 소설 문학의 선구자였다.

그의 문학은 여느 문인과는 다른 독특함이 있다. 당시 한문은 사대부의 글로써 중시 여기고 언문인 한글은 평민의 글로 치부하던 시대였다. 그 시절 우리말로 된 국문소설을 남겼다는 것은 시대를 앞서간 그의 사상을 여실히 보여준다. 그가 우리말과 글을 얼마나 존중히 여겼는가를 짐작케 한다.

유배문학관을 돌아본 생각의 갈피는 바람에 흩날리는 낙엽만큼이나 종잡을 수 없다. 갖은 고초를 견디면서 그들의 삶과 사상을 문학으로 꽃피운 위대한 정신과 만나는 마음의 부침이다. 아득히 닿을 수 없는 일이라 흩어진 생각은 저 멀리 떠다니는 구름처럼 선뜻 손에 잡히지 않는다.

  시월의 맑은 바람이 연못가에 흔들리는 갈대를 어루만지며 지나간다.

그림 한 점

    이목일 화백의 그림 전시회장에 들어선다. 전시장 입구 안내 데스크에 앉아 그림에세이 책에 사인을 하고 있는 이 화백에게 인사를 한다. 멜빵바지에 챙모자를 눌러쓴 그는 예순의 나이보다 훨씬 젊게 보인다.
    ㅈ교수님의 제자라고 인사를 하자 반색을 하며 맞아주었지만 그의 어눌한 몸놀림을 보고 놀랐다. 그는 몇 해 전 쓰러진 후에 불행하게도 한쪽 수족을 못 쓰게 되었다고 한다. 평생 그림을 그리는 화가가 수족을 못 쓰게 되다니…. 운명의 장난치고 너무 가혹하다는 생각에 잠시 가슴이 짠하다.

이 화백은 ㅈ교수님과 같은 함자를 가져 글을 쓰는 작가와 그림을 그리는 화가의 인연으로 맺어졌다. 두 분은 서로 호형호제로 교류하면서 지내는 사이였다. 이 화백에 대한 근황이나 그림에 대한 정보는 교수님으로부터 들어서 어렴풋이 알고 있던 터였다. 안내 책자를 보고 그분이 즐겨 그리는 화풍이나 디테일이 궁금하여 더욱 호기심이 일었던 것 같다.

전시장을 둘러본다. 그림에 대한 남다른 안목이나 조예는 없지만 강렬한 색채에서 전해오는 자연과 우주의 생동감이 전신으로 휘감겨 왔다. 살아 움직이는 우주의 역동성이 가슴으로 스며드는 느낌이다.

어릴 때, 내가 좋아하던 그림은 프랑스 농민화가 프랑소와즈 밀레의 '만종'이었다. 난생처음 만난 그림으로 소녀시절에 가장 큰 감동을 받았다. 초등학교 사학년 무렵이었다. 새 학기가 시작되고 전과지도서란 참고서를 샀다. 어머니가 쌀 한 말을 내다 판 값으로 사 주신 두꺼운 책이었다. 책표지에 밀레의 〈만종〉이 그려져 있었다. 생전 처음 접하는 이 그림을 오려 벽에 붙여놓고 매일 쳐다보았다. 어떨 땐 감성에 젖어 눈물이 설핏 고이기도 했다. 그림은 막연히 어린 내게 희망과 평온을 심어주는 계기가 되었다.

전시회에 나온 그림은 대부분 대작들이라 감히 살 엄두조차 내지 못할 것 같았다. 눈요기만 실컷 하기로 했다. 다음 날 다시 전시장에 들렀다. 나름대로 마음 가는 그림 한 점이 유난히 눈에 밟혔다. 눈길을 사로잡은 그림은 오리 한 쌍이 강물에 유유히 노닐고 하늘에는 구름이 두둥실 한가롭게 떠 있다. 강 언저리에 풀꽃이 흐드러지게 피어 있고 호랑나비 한 쌍이 날아 앉는 평온한 느낌이 든다. 하지만 가격이 만만치 않아 망설여진다.

평소 나는 무슨 일을 결정하는 데 있어 오래 뜸을 들이지만 일단 한번 결심하고 나면 머뭇거림이 없다. 그런 성격으로 인해 손해를 보는 경우도 종종 있다. 사야 할지 말아야 할지 갈등이 일었지만 그림 하나에 점을 찍었다. 같이 간 동료도 예상 밖이라는 눈빛을 내비친다. 나도 은근히 걱정이 되어 그림 두 점의 사진을 남편과 딸에게 보여줬다. 둘 다 주저 없이 같은 그림에 낙점을 찍었다. 곧 미로 전시장으로 달려가서 그림 한 점에 빨간색 스티커를 붙였다. 그림 값을 깎아 달라고 하자 그는 '불쌍한 사람 약 한 제 지어준 셈 치고 가져가라'며 농으로 응수한다.

이 화백은 장애를 입고 난 후부터 세상을 보는 눈이 달라졌다고 한다. 한쪽 수족만이라도 온전해서 그림을 그릴 수 있음에 감사한다고. 매사 은혜로운 마음으로 세상을 바라보니 자연과 우주에 대한 영감이 불길처럼 솟는다고 너스레를 떨었다. 그는 인생과 자연, 우주의 아름다움에 생명과 영혼을 불살라 그림으로 승화시켜 자신의 상처를 보듬으려는 듯했다.

명분과 예법에 구애받지 않고 거침없는 행동으로 그림에 미쳐 조선시대를 열정적으로 살다간 화가 장승업의 삶이 그와 겹쳐진다. 이 화백은 장애를 딛고 혼신을 다해 그림을 그린다. 그림을 위해 현실과 싸우는 한 예술가의 불운한 삶과 치유와 희망이라는 처절한 예술혼을 떠올린다. 그의 그림이 주는 우주적 생명력과 순수한 아름다움에 끌려 오랫동안 행복감에 젖을 것이다.

 남을 감동시키려면 먼저 자신이 감동해야 한다는 말이 떠오른다. 그렇지 않으면 아무리 정교한 작품일지라도 결코 생명이 없다는 뜻일 테다. 음악을 비롯한 그림과 문학 또한 그러하다.

 그의 강인한 예술정신을 응원하며 홀가분한 심정으로 전시장을 나선다.

프리다, 자화상에 빠지다

 영화 〈프리다〉, 미술가 프리다 칼로prida kahlo(1907~1954)의 불운했던 삶과 그 작품 세계와 만난다. 강렬한 태양의 나라 멕시코 특유의 화려한 색깔과 역동적이고 생동감 넘치는 풍경이 감성을 자극한다. 한평생 처절할 정도로 뜨겁게 살았던 시대를 앞서간 예술가의 삶과 작품 속으로 빠져든다.

 독일계 사진사였던 칼로의 아버지는 자식들 중 그녀를 특별히 아꼈으며 '프리다'라는 이름을 붙여준다. '프리다'는 독일어로 평화를 뜻한다. 세상일이란 아이러니하게도 47년간 그녀의 삶은 결코 평화롭지 않았다. 아버지는 그녀가 의사가 되기를 원했다. 의사의 꿈을 가진 명문학교 학생시절, 끔찍한 교통사고를 당한다. 그녀가 탄 버스가 전차와 충돌하면서 쇠파이프가 아랫배를 관통하여 척추와 갈비뼈가 부러진다. 그녀는 성한 데가 없을 정도로 큰 부상을 입고 꼼짝없이 침대에 누워 있어야 한다. 그로 인해 의사의 꿈을 접고 그림을 그리기 시작한다. 그 후유증으로 평생 서른두 번의 수술을 받는 고통으로 모르핀에 의존해 살아가게 된다.

프리다 칼로는 초현실주의 화풍의 멕시코 여성 미술가이다. 20세기의 낡은 것을 부정하는 새로운 시대사조였다. 늘 가장 새로운 것, 가장 앞선 것을 주장한다. 하지만 역사적으로 살아남으려면 예술적 보편성을 획득해야 한다. 치열하고 불운한 삶에서 나온 작품들은 대부분 자기 고백적이고 자의식적인 것들이다. 초기 페미니즘 미술의 선구자적 역할을 한 화가로 평가받는다. 비평가들이 그녀의 작품을 '초현실'이라고 부르는 것에 대해, 자신의 작품은 철저히 '현실'이라고 반박하였다.

그녀는 멕시코에서 벽화운동과 민족주의 화가로 잘 알려진 디에고 리베라(1886~1957)의 아내로 더 유명하다. 그녀를 고통스럽게 했던 또 한 가지는 남편 리베라의 막을 수 없는 바람기였다. 결혼 당시 프리다는 스물한 살이었고 리베라는 세 번째 결혼으로 마흔두 살이었다. 리베라는 프리다와 재혼한 뒤에도 지속적으로 다른 여성들과 관계를 가져 그녀를 힘들게 했다. 프리다와 사는 집에 전부인이 아이들을 데리고 살기도 하고, 프리다의 여동생(크리스티나)과 관계를 가지기도 한다. 고통을 견디다 못한 프리다는 이혼을 결심하기에 이른다.

　영화는 프리다의 작품 이미지를 그대로 사용하여 화면을 구성하는 흥미로운 방식을 사용했다. 프리다 그림이 화면에 등장하고 그것이 그림이라고 생각하는 순간 등장인물이 움직이기 시작한다. 혹은 반대로 등장인물이 움직이다가 어느새 프리다의 그림으로 바뀌기도 한다. 거울 앞에서 머리를 자르고 있으면 현실이 그림이 되고 척추 수술을 하거나 낙태수술을 하면 그게 바로 그림이 된다. 그녀의 작품을 화면구성에 이용하는 영화 기법은 작품이 그녀의 삶 자체에 뿌리를 두고 있음을 암시한다. 영화의 형식적인 기법이 영화의 중심적인 내용을 부각시키는 좋은 방법이라고 한다. 주관적이고 상징적인 그림 속 감정이 영화에 그대로 선이되어 오는 것을 볼 때 그녀의 환부가 욱신거린다.

　작품의 주제는 주로 출산, 유산, 상처로 인한 고통, 월경 등 서구 미술계에서 다루어진 적이 없는 것들이다. 그녀의 경험, 고통, 상처가 고스란히 담긴 주제는 이후 페미니즘에서 매우 중요시된다. 자신의 고통과 상처를 예술로 치유해 내고 이러한 성찰이 초기 페미니즘 운동에도 빛을 발한다. 여성들이 드러낼 수 없었던 이야기를 자기 고백적이고 자의식적인 작품으로 풀어낸다. 그림은 그녀가 겪어낸 상처의 흔적이며 고통의 몸부림이었다.

프리다 작품은 초현실주의나 페미니즘이라는 수식어가 따라붙지만 대다수가 자화상이다. 자화상은 자기 성찰이며 고해성사다. 끊임없이 자신을 들여다보게 한다. 감추고 싶은 상처나 구차한 삶의 내력까지 정직하게 투영할 때 존재가치를 갖는다. 프리다 필생의 예술적 주제는 오로지 자기 자신이었고 평생 자신을 그리는데 열과 성을 다했다. 고통스런 인생의 고비가 올 때마다 자화상을 그려 자신을 돌아보고 위로와 힘을 얻지 않았을까. 불운한 삶에서 나온 작품들은 영화 속으로 들어가 널리 알려지고 있다.

영화 〈프리다〉는 프리다 그림에 대한 이해와 순탄치 못했던 그녀 삶에 더욱 가까이 다가서게 한다. 얼핏 예술적인 측면보다 삶과 사랑에 무게를 두는 것 같기도 하다. 대부분이 자전적인 것임을 생각해 보면 작품을 해석하는데 좋은 이해가 된다. 우리나라의 〈취화선〉〈미인도〉같은 영화 속에 화가 자신의 삶과 작품세계가 고스란히 묻어나는 것과 상통한다.

당대의 유명한 작품을 남긴 예술가들이 평탄치 않았던 삶에서 불후의 명작을 탄생시켰다. '프리다' 그녀도 절망과 고통이라는 그림자를 안고 그림을 그리다 세상을 떠난 것이 아닐까.

품위 있는 마무리

사람은 무엇으로 사는가. 어디에 기준을 두고 살아가는 것일까. 우리에게 영원한 사랑이나 영원한 삶은 존재할 수 없는 것인가. 존엄사 논쟁을 불러일으킨 원작을 영화화한 〈미 비포 유me befou you〉는 내게 많은 생각을 불러오게 한다.

영화는 간병인과 환자와의 만남에서 벌어지는 운명적인 일들을 잔잔한 감동으로 엮어나간다. 남자주인공 윌은 원래 부유한 가정에서 성장한 촉망받던 사업가였다. 여행광에 혈기왕성한 만능 스포츠맨이기도 했다. 모든 게 완벽하고 어느 것 하나 부족함이 없는, 인생에서 실패란 없을 것 같던 최고의 남자였다.

어느 날, 월은 뜻하지 않은 불의의 교통사고로 손가락 하나 까딱할 수 없는 전신마비로 혼자서는 아무것도 할 수 없는 처지가 된다. 눈으로 보고 생각하고 말하는 것 외에 스스로 할 수 있는 게 아무것도 없어 휠체어에 의지해 살아야만 한다. 그로 인해 월은 평소 밝고 자신만만하던 성격은 없어지고 매사에 비관적이고 신경질적으로 변하게 된다. 월은 좌절과 절망으로 스스로 육 개월 후 안락사를 선택하며 안타까운 죽음을 준비한다.

한편 여자주인공 루이자는 육년 동안 열심히 헌신한 카페가 돌연 폐업을 하면서 하루아침에 직장을 잃게 된다. 다시 직장을 구하던 중 '육 개월 동안'만이라는 조건으로 월의 임시 간병인 자격으로 근무하게 된다. 그녀의 우스꽝스러운 옷차림과 별로 재미있지도 않은 썰렁한 농담이 관객들에게 웃음을 자아낸다. 그녀가 첫 출근을 하여 처음 만나는 순간부터 월은 영 탐탁해하지 않는다.

월은 속마음을 거리낌 없이 그대로 드러내는 그녀의 얼굴 표정이 못마땅해 신경이 거슬린다. 자신의 처지는 생각지도 않고 그녀를 멍청이, 어린애 보듯 하며 무시하고 깔보기도 한다. 월이 그럴수록 개의치 않고 루이자는 신경질적인 그에게 더욱 가까이 다가가 보듬으며 정성을 다해 보살핀다.

어느 날, 루이자는 우연히 월의 부모님이 서로 다투는 광경을 목격하게 된다. 아들이 선택한 존엄사에 대해 지켜볼 수 없는 일이라고 울부짖는 어머니. 스스로 판단하여 결정한 문제라며 윌의 뜻을 존중해야 한다는 아버지의 피맺힌 절규였다. 그제야 모든 사실을 알게 된 루이자는 가슴이 철렁 내려앉는다. 그녀는 윌의 마음을 즐겁고 편안하게 해주려 더욱 정성을 쏟는다. 처음에는 매우 까칠하고 우울하던 윌도 날이 갈수록 자신에게 정성을 다해 다가서는 그녀의 순수함에 차츰 닫혔던 마음을 열어간다.

둘은 경마장, 음악회 등 여행을 같이하면서 연민과 사랑을 싹틔우게 된다. 서로의 인생을 향해 차츰 한 발짝씩 걸어가는 모습에 안도의 숨을 돌린다. 그녀를 바라보는 사랑스런 눈빛과 밝은 모습으로 미소 짓는 윌의 모습에 잔잔한 행복에 젖기도 한다. 간병인으로 우연히 들어와 사랑에 빠지는 여자와 존엄사를 준비하는 한 남자의 애틋한 사랑. 루이자의 순수한 사랑은 비관적이고 절망적이던 윌의 마음을 움직여 슬픈 현실을 아름답게 승화시켜 나긴다. 그 모습이 가슴 뭉클한 감동으로 다가와 눈물짓게 한다. 하지만 윌은 루이자의 애절하고 간절한 호소에도 냉정하고 명확하게 이별을 준비하는 차도남이 된다.

"난 완전히 당신 덕분에 살아요. 그거 알아요? 아침에 눈을 뜨고 싶은 유일한 이유가 당신이란 걸. 이렇게 사는 것도 괜찮을 수 있겠죠? 하지만 이건 내 인생은 아니예요. 난 내 인생을 사랑했어요. 진심으로…."

월은 문득문득 루이자를 향한 자신의 진심을 드러낸다. 영화는 보는 내내 가슴 찡한 연민을 느끼게 한다. 그녀의 발랄하고 통쾌한 유머에 웃음 짓기도 하고, 그들의 가슴 저린 사랑에 눈시울이 젖는다.

인생은 유한한 것이어서 언젠가는 떠나야 할 운명을 타고났다. 인생의 종착역이 삶이 아닌 죽음이라면 그 앞에 초연할 사람이 어디 있을까. 누구든 낯설고 두려운 숙명적 과제일 것이다. 여한을 남기지 않고 풀잎에 맺힌 이슬처럼 마지막 순간을 맞고 싶었던 것일까. 생의 끝자락에서 준비된 죽음을 의연하게 받아들이기란 결코 쉬운 일일 수는 없다.

안락사가 허용된 나라로 떠나기 위해 비행기에 오르는 월이 어쩐지 안타깝고 가슴이 저렸다. 지금 살아 있음에 더 큰 의미를 두었더라면 하는 생각을 지울 수가 없었다. 나는 마지막 순간, 어떤 모습을 하고 있을까.

강江 따라 길 따라

 강은 몸을 낮추어 침묵하고 있다. 한 해를 뒤돌아보는 끝자락에 섬진강을 찾았다. 모래바람을 몰고 온 칼바람이 옷깃을 파고든다. 물안개가 이불처럼 수면을 감싸고 있다. 재첩을 끌어 올리던 봄 풍경도 참게를 잡던 낡은 목선도 보이지 않고 사람의 발길마저 뜸하다.
 일상에서 숨 가쁜 나날로 부대끼던 가슴을 달래보려던 참이었다. 강은 자신의 내면을 들여다보는 인간의 속성처럼 깊이 가라앉았다. 그 안에 수많은 생명들을 품고 있지만 좀체 속내를 드러내지 않는다. 강을 품어주던 산들도 무심한 듯 멀찍이서 바라보고 있을 뿐 서로를 어려워하고 있다. 사색에 잠긴 듯 바닥에 엎드린 강을 바라보는 마음은 들뜸이 없다. 그 데면데면한 산과 강 사이로 난 길을 거슬러 달린다.

봄이면 강 주변의 산야는 푸른 녹차와 매화 향기 가득한 벚꽃 잔치로 봄의 향연을 펼친다. 섬진강은 주변 풍광이 수려하여 우리나라 수많은 강 중에 단연 손꼽힐 정도이다. 산야는 본래 인간이 연주할 수 없는 거대한 악기와도 같다. 여름의 젊은 강은 가파른 산굽이를 여울져 휘모리장단으로 흐른다. 산과 들판을 낮게 휘돌아 나가는 겨울의 강은 느린 진양조이다. 봄, 여름, 가을의 산과 강은 서로 어우르고 굽이쳐서 다정한 모습으로 흘러간다.

대하소설 〈토지〉의 무대가 된 평사리와 화개나루를 지나 차츰 위로 거슬러 오를수록 강은 표정을 조금씩 바꾼다. 강이라기보다는 큰 개울의 모습으로 흐른다. 물보라를 일으켜 하얀 속살을 뒤집으며 출렁이기도 한다. 조잘조잘 속살대며 쉴 새 없이 흐르는 단조 속에 자연의 호흡과 리듬이 숨을 쉰다. 평평한 평지에서는 느긋이 숨을 고르고 경사진 곳에서는 급히 내달아 완급의 지혜로 흐른다. 산모롱이를 만나면 휘돌아가는 여유로 제 갈 곳을 향해 굽이쳐 흘러간다.

산과 강을 따라서 찻길도 사이좋게 한참을 거슬러 오른다. 오른쪽으로 방향을 틀어 피아골 연곡사 가는 길로 접어든다. 아라리 가

©조현출(사진작가)

물은 부드럽고 유순하다.
얼어붙은 강물을 녹이는 것은
쇠망치나 바윗돌이 아니라
따스하고 부드러운 봄 햇살이 아니던가.
사는 게 버거워 벼랑 끝에 서는 날은
낮게 엎드린 겨울 강을 만난다.

락처럼 낭창거리는 길은 차츰 깊은 골짜기를 향해 내달린다. 좁고 얕은 물길은 청순함으로 다가온다. 찻길과 강물이 거꾸로 스치듯 지나간다. 강물의 수심은 무릎 정도여서 예전에는 징검돌로 건넜을 듯하다. 강물이 낮아지자 물속 바위들이 매끈한 몸매를 자랑하듯 아랫도리를 물에 담그고 앉았다.

물의 흐름에 씻긴 바윗돌은 몸속에 흐름의 속성을 간직하고 있나 보다. 모나고 각진 부분을 모조리 깎아낸 바위는 완강함으로 버티고 있다. 마치 강물이 다듬어놓은 조각품인 듯하다. 바위의 단단함이 물의 유연함을 받아들이는 수용의 미덕을 보여준다. 지난날 손가락 사이로 빠져나간 모래알처럼 흘러간 날들을 돌아본다. 무엇 하나 자랑스럽게 내보일 흔적이 없다. 강물에 씻기고 쓸린 바위가 물을 끌어안듯, 얼마나 더 부대끼고 흘러야 세상을 둥글게 품을 수 있을 것인가.

물길과 찻길은 곧은 채로 나아가지 않고 애써 먼 길을 에둘러가려 한다. 격류에 휩쓸려 낭떠러지를 향해 곤두박질치는 물은 바닥으로 내리꽂히기도 한다. 바위 절벽 앞에서는 길을 찾지 못해 허둥거린다. 땅 밑으로 흔적 없이 스며들거나 엎드려 구불구불 기어야 할 때도 있다. 그렇게 배밀이하듯 강은 바다를 그리워하며 유유히 흘러간다.

사람의 길도 굽이굽이 돌아서 바다에 이르는 강물처럼, 세상이란 바다로 흘러가는 우리 삶과 다를 바 있을까. 물은 흘러가면 돌아오지 않아서 붙잡아 둘 수도 없다. 멀리 돌아서 마침내 멀리 가는 물길과 찻길은 인간의 생리와 닮았다. 정답게 같이 가다가 멀어지기도 한다.

물은 부드럽고 유순하다. 얼어붙은 강물을 녹이는 것은 쇠망치나 바윗돌이 아니라 따스하고 부드러운 봄 햇살이 아니던가. 사는 게 버거워 벼랑 끝에 서는 날은 낮게 엎드린 겨울 강을 만난다.

비움의 의자
공태점 수필집

1쇄 펴낸날 2020년 8월 3일

지은이 공 태 점
펴낸이 오 하 룡

펴낸곳 도서출판 경남
주 소   창원시 마산합포구 몽고정길 2-1
연락처 (055)245-8818
이메일 gnbook@empas.com
출판등록 제1985-100001호(1985. 5. 6.)
편집팀 오태민 심경애 구도희

ISBN 979-11-89731-58-8-03810

ⓒ공태점

＊잘못된 책은 바꿔 드립니다.
＊저자와 협의 인지 생략합니다.
＊이 책은 경남문화예술진흥원의 문화예술지원을 보조받아 발간되었습니다.

〔값 15,000원〕

이 도서의 국립중앙도서관 출판예정도서목록(CIP)은 서지정보유통지원시스템 홈페이지(http://seoji.nl.go.kr)와 국가자료종합목록 구축시스템(http://kolis-net.nl.go.kr)에서 이용하실 수 있습니다.(CIP제어번호 : CIP2020030856)